KB131911

사실은 야망을 가진
당신에게

사실은 야망을 가진 당신에게
여성은 리더가 되길 주저하는가

1판 1쇄 발행 2021. 11. 15.
1판 2쇄 발행 2022. 5. 26.

지은이 이은형 · 유재경

발행인 고세규
편집 이주현 · 심성미 | 디자인 조은아 | 마케팅 백미숙 | 홍보 이한솔
발행처 김영사
등록 1979년 5월 17일(제406-2003-036호)
주소 경기도 파주시 문발로 197(문발동) 우편번호 10881
전화 마케팅부 031)955-3100, 편집부 031)955-3200 | 팩스 031)955-3111

값은 뒤표지에 있습니다. ISBN 978-89-349-6725-5 03190

홈페이지 www.gimmyoung.com   블로그 blog.naver.com/gybook
인스타그램 instagram.com/gimmyoung   이메일 bestbook@gimmyoung.com

좋은 독자가 좋은 책을 만듭니다.
김영사는 독자 여러분의 의견에 항상 귀 기울이고 있습니다.

알파걸은 저절로 임원이 되지 않는다
야망을 재정의하고 나답게 성공하라

이은형
×
유재경

사실은 야망을 가진 당신에게

여성은 리더가 되길 주저하는가

김영사

프롤로그

당신은 정말 리더가 되고 싶지 않은 걸까

"내가 그간 인터뷰한 여성들은 '야망'이라는 단어에 거부감을 보였다. 그들은 야망이라는 단어가 자기애, 이기심, 자기 과대평가와 관련이 있고, 자기 목표를 위해 타인을 이용하거나 조종하는 이미지 등을 떠올리게 한다고 했다.

야망은 당연히 가져야 한다는 반응을 보이는 남성들과 달리, 여성들은 자신에게 야망이 있다는 사실을 인정하길 주저하는 경향이 있다. 여성들은 야망이라는 단어를 왜 있는 그대로 받아들이지 못할까? 상당한 성취를 이룬 성공한 여성들조차 왜 자신에게 야망이 있다고 밝히는 것을 꺼릴까?"

심리치료학자이자 웨일코넬 의과대학교 교수인 애너 펠스는 성공한 여성들과 인터뷰를 진행하다 한 가지 놀라운 점을 발견했다. 그들이 야망에 대해 일관된 반응을 보인다는 사실이었다. 그래서 '야망'이라는 단어가 남성과 여성에게 각각 어떻게 받아들여지는지에 초점을 맞춰보았다.

펠스는 야망이라는 단어를 두고 여성과 남성의 태도가 어떻게 형성되고 재정립되는지, 그들이 자기 목표를 어떻게 성취 혹은 포기하는지에 관심을 가졌다. 이에 관해서는 케이스웨스턴리저브대학교 의학부 임상 교수 실비아 림의 보고서를 통해 더 자세히 알아볼 수 있다.

1,000명의 성공한 여성을 대상으로 연구한 보고서 〈제인이 성공한 것을 보세요: 1,000명의 소녀는 어떻게 성공한 여성이 되었는가See Jane Win: The Rimm Report on How 1,000 Girls Became Successful Women〉를 보면, 여성들은 자신의 성공을 '운이 좋았기 때문'이라거나 '주변에서 도와주었기 때문'이라고 답변했다. 왜 그랬을까?

림은 여성들이 자라면서 자신의 성취나 재능이 주목받는 것을 불편하게 느끼는 경험을 하기 때문이라고 분석한다. 여성들에게는 남성들이 있는 자리에서 다른 사람에게 기회 혹은 자리를 양보하거나, 조용히 뒤로 물러나 있기를 암묵적으로 요구받는 경험이 부지불식중에 쌓인다. 그러다 보면 자신이 이야기의 중심에 서거나 공이 자신에게 돌아오는 것을 거부하는 태도를 형성한다는 것이다.

이 보고서를 읽으면서 나 역시 다르지 않았음을 깨달았다. 당시에는 '한발 물러서기' '온순하게 보이기'가 '비호감'이라는 평가를 피하는 사회생활의 필살기라고 생각했다. 특히 남성 동료들의 눈에 '경쟁자'로 보이고 싶지 않았는데 그 심리를 유발한 요인을 뒤늦게 알게 된 것이다.

혹자는 여성이 타인에 대한 공감 능력이 더 뛰어나므로 남성이 원하는 자원, 즉 더 많은 관심과 인정을 굳이 빼앗고 싶지 않아서 그렇다고 설명할 수도 있다. 이렇게 여성에게 원래 그런 특성이 있다고 결론을 내리면 문제는 간단하겠지만, 그간 이루어진 연구 결과들은 이것이 잘못된 편견임을 말해준다.

다수 연구에서 여성의 이런 태도는 사회적 맥락에 따라 크게 달라지는 것으로 밝혀졌다. 여성으로만 구성된 집단이거나 집단 내에 다른 여성 동료가 여럿 있는 경우에는 여성들도 별 어려움 없이 공개적으로 자신의 성취를 위해 경쟁하고 노력했다. 하지만 남성 위주인 집단에서 경쟁해야 하는 상황에서는 여성들의 태도가 '한발 물러서는' 경향으로 바뀌었다.

야망은 자신이 원하는 바를 자신다운 방법으로 성취해내고자 하는 열망이다. 세상에 도움이 되는 방향으로 투자를 결정하는 '임팩트 금융' 전문가가 되는 것, NGO 활동으로 더 나은 세상을 만들기 위해 조직을 이끌어가는 것, 그리고 영향력 있는 리더가 되어 조직에서 공정한 평가가 이루어지도록 조직문화를 바꾸는 것 등 다양한 목표를 성취하기 위해 노력하는 마음을 의미한다.

모든 여성에게 야망이 있어야 한다고 주장하는 것이 아니다. 남성이든 여성이든 일에 관해 더 적극적인 사람이 있고 덜 적극적인 사람이 있다. 개인생활과 일의 조화를 추구하면서 평화로운 삶을 영위하길 원하는 여성도 자신의 방식을 존중받아야 한다. 다만 자신이 가졌던 꿈이나 야망을 외부 환경의 영향으로 포기하는 상황을 줄이자는 것이다.

남성 임원이나 인사 담당자가 흔히 하는 '여성은 남성보다 야망이 부족하고 리더가 되기를 주저한다'는 생각은 진실이 아니다. 만약 회사에서 여성이 그런 태도를 보인다면 그것은 여성이라서가 아니라, 매일 조직에서 경험하는 갖가지 요인이 영향을 미쳐 자신의 야망을 감추고 줄이려고 애쓰기 때문일 수 있다.

실제로 이러한 태도를 보이는 여성들을 자주 만났다. 일하는 여성을 위한 플랫폼 '헤이조이스'에서 만난 여성들은 열의가 높고 성장 욕구도 큰 편이지만 막상 조직의 리더로 올라갈 가능성에 대해서는 스스로 부인했다. '저는 높은 자리로 올라갈 생각이 없지만…' '저는 가늘고 길게 근무하고 싶을 뿐…'이라는 표현을 즐겨 사용했다.

이 책은 이들처럼 자신도 모르게 야망을 감추거나 낮추려고 애쓰는 여성들에게 전하고 싶은 조언을 담고 있다. 특히 출산과 육아를 경험하는 '워킹맘'에게 꼭 해주고 싶은 말이 있다. 이 세상에 태어난 작은 생명을 무한한 사랑으로 보듬는 당신도, 그리고 회사에 복귀해 열정적으로 일하면서 포부를 펼치는 당신도 모두 진정한 자기다.

우리 사회는 여전히 여성이 아이를 낳으면 다른 어떤 것보다 엄마라는 정체성을 우선시하기를 기대한다. 그 외의 모든 것은 억눌러야 한다는 압박도 존재한다. 하지만 엄마가 된 후에도 사회생활에서 목표 성취를 갈망하는 개인의 정체성 또한 여전히 소중하다는 것을 기억해야 한다.

그러니 진정한 자기가 되는 것에 죄책감을 느끼지 말자. 시간이 흐르면 언젠가 아이는 자란다는 것을, 언젠가 당신의 성취를 더 앞세울 수 있는 날이 온다는 것을 믿고 앞으로 한 발짝씩 나아가기를 바란다.

오늘날 20~30대 여성은 과거의 여성과 비교한다면 자신의 꿈과 야망을 드러내고 표현하는 데 거리낌이 없지만 아직 그들이 넘어야 할 난관이 곳곳에 남아 있다. 우리 사회는 여전히 여성들에게 '여성다움'이 필수 덕목인 양 암묵적인 압박을 가한다.

여성이 살면서 부딪히는 가장 거대한 벽은 주로 사회생활에서 시작된다. 회사에 들어가면 여성 동료들이 전체 직원의 20~30퍼센트에 이른다고 하나, 막상 선배 또는 상사를 보면 여전히 남성들이 대다수다. 더구나 임원급 인사나 CEO는 남성이 절대다수를 차지한다.

"보이지 않으면 그것이 될 수 없다"라는 말이 있다. 조직에 여성 리더가 없으면 롤 모델을 찾지 못한 여성들은 리더가 되고 싶다는 꿈마저도 자연스럽게 접는다. 그러므로 여성이 남성 못지않게 자신의 야망을 펼칠 수 있도록 독려하는 조직이 생기려면 우선 여성 리더가 늘어나야 한다.

여성도 조직에서 남성에 견줄 만한 수준의 야망을 품고, 임원에 오르는 비율도 대등해지고, '워라밸'을 공평하게 추구할 수 있는 사회가 되기를 염원한다. 성별 차이 없이 '개별적 존재'로서, 모두가 진정한 자기의 모습으로 능력을 발휘하고 포부를 펼치며 당당한 리더로 성장하길 바란다.

일하는 '나'는
어떤 모습일까

주저하는 여성들

"청와대에서 처음 질병관리본부장직을 제의받았을 때 제게 고민을 말씀하셨어요. 정말 큰 책임이 따르는 자리라 두렵다고. 그때 놀랐습니다. 남성 공무원은 야망이 앞서서 일단 수락하고 카리스마로 휘어잡는데, 이분은 책임질 생각부터 하시는구나 했죠."

한림대학교 강남성심병원 이재갑 교수가 언론 인터뷰에서 정은경 질병관리청장을 언급했다.[1] 당시 정은경 질병관리본부 긴급상황센터장은 전문성과 경험을 두루 갖춘 적임자였음에도 질병관리본부장직 제안을 선뜻 수락하기보다 '두렵다'는 마음을 먼저 토로했다.

비록 처음에는 주저하는 모습을 보였지만 정은경 질병관리청장은 본부장 자리에 앉은 뒤로는 뚝심을 보이며 코로나19 팬데믹이 발생한 2020년, 대한민국 방역 당국을 탁월하게 이끌었다. 그의 리더십과 헌신 덕분에 한국은 방역 모범국이 될 수 있었다. 이 공로로 〈타임〉이 선정하는 '2020년 세계에서 가장 영향력 있는 인물 100인'에 정은경 질병관리청장이 이름을 올렸다. '정은경 리더십'이 세계적으로도 인정을 받은 셈이다.

"일본 지점 리스크 담당 임원이 필요한데 상사가 제게 지원 해보라고 하더군요. 과연 제가 그 업무를 할 수 있을까 두려 웠어요. 한번 해본 말이겠거니 여기고 지원을 안 하고 있는데 상사가 다시 제게 묻더라고요. 왜 안 하냐고요. 그래서 자신 이 없다고 말했더니 괜찮다고, 잘할 수 있다고 격려해주더라 고요. 최초의 외국인 임원이자 최초의 여성 임원이 됐는데 막 상 해보니 제가 충분히 감당할 만하더군요. 그러다 보니 자신 감도 생겨 더 높은 목표를 갖게 됐어요. 호주 출신의 그 상사 에게 늘 고마운 마음이 듭니다."

외국계 금융기관의 A상무는 상사의 적극적인 후원 덕분에 일본 지점 최초의 여성 임원이 되어 역량을 한껏 발휘하고 있 다. 그는 상사가 그 자리에 지원하라고 재차 독려하지 않았다 면 지금의 자신이 없었을 거라고 생각한다. 그는 경력을 어 떻게 개발할까 늘 고민했지만, 막상 무엇을 어떻게 해야 할지 대안을 찾지 못했다. 그러던 차에 상사의 권유가 돌파구가 됐 다. 단 상사가 2번은 권유해야 움직였다.

"제가 무슨 높은 자리로 올라가려는 건 아니고요⋯."

"저는 사실 엄청 승진하고 싶다거나, 그런 생각은 없어요."

일하는 여성을 위한 플랫폼 '헤이조이스'가 주최한 자리에 모인 10여 명의 참석자 대부분이 이렇게 말문을 열었다. 대 화 주제는 여성의 리더십이었다. 더 많은 여성이 리더로 성장 하기를 바라고 리더십을 발휘하려는 열망을 품기를 기대하며 참석했으나 다소 실망스러웠다. 기성세대보다 더 많은 교육을 받았고, 그에 따라 주위의 기대도 더 크게 받으며 성장한 여성들이 여전히 리더가 되려는 열망이 낮다는 현실에 충격을 받았다.

'알파걸'이라고 명명될 정도로 학습 및 각종 비교과 활동에서 남학생을 압도하며 성장한 그들은 왜 여전히 "리더가 되고 싶지는 않아요"라는 전제를 다는 것일까? 그날 만남 이후 깊은 고민에 빠졌다.

여성들은 여전히 주저하는가

1980년대 후반 '대기업 여사원 공채'가 시작되고 사회에 나온 86세대 여성들이 험난하게 경력을 쌓아온 지 30여 년이 지났는데도 왜 여성들은 여전히 리더가 되기를 망설일까?

그 시절에는 분명 '주저하는 마음'이 있을 수밖에 없었다. 나의 사회생활을 되돌아보면 주저하는 마음과 나아가고 싶은 마음 사이에서 갈등과 충돌이 있었다. 기자로 사회에 첫발을 내디딘 후 마음속에는 말로 분명하게 표현할 수 없는 어떤 갈망과 그것을 억누르는 반작용이 동시에 존재했다.

특히 결혼 후 시댁에서 생활하며 힘들게 육아를 하던 시기에는 일과 가정생활 사이에서 늘 갈등했고 결핍, 야망, 죄책감 등을 동시에 느꼈다. 조직에서 성공하고 싶은 마음과 아이들과 더 많은 시간을 보내고 싶은 마음 사이를 오가며 스트레스를 받았고 슈퍼우먼 콤플렉스에 시달렸다.

직장에서 느끼는 압박은 "내가 잘하지 못하면 여성 전체가

욕을 먹는다"는 점이었다. 일을 못한다는 평가를 받을까 두려 웠고 "여기자를 주요 부서에 배치했더니 문제가 생기더라"라 는 말이 혹시라도 나올까 봐 철저하게 기존 룰을 따랐다.

어쩌면 더 큰 압박은 직장 밖에서 받았는지도 모른다. 아 이가 독감에 걸려 열이 펄펄 나거나, 학교생활에 잘 적응하지 못하는 등 조금이라도 아이에게 문제가 생기면 바로 심한 자 책을 했다. "엄마가 너무 바빠서, 남의 손에 아이를 맡겨서 이 런 일이 생기는 것인가." 시부모님이나 남편의 눈빛에서 원망 과 질책을 느끼기도 전에 내가 먼저 나를 탓했다.

그 시절에 누군가 나에게 "지금 잘하고 있다"고 칭찬을 해 주었다면, "지금 경력관리를 위해 이런 책을 읽어보라"고 하 는 선배가 있었다면, "시간이 지나면 아이는 자라고 직장에서 위치도 안정된다"는 이야기를 해주었다면 직장생활이 그렇 게 힘겹지만은 않았을 것이다. 최소한 조직에서 성공하고 싶 다는 야망이 생겼을 때 그것을 죄책감으로 덮지는 않았을 것 이다.

신문사를 그만두고 대학원에 진학하면서 다시 언론계로 돌 아가지 않겠다는 결심 하나만큼은 분명히 했다. 박사학위를 받고 학교에 자리를 잡은 이후에는 완전히 다른 세계가 펼쳐 졌다. 자신의 일을 열심히 하고 자격이 충족되면 승진이 가능 한 조직이었다. 매일 성패가 갈리는 반복적이고 치열한 일간 지 기자 생활과 달리 학기 단위로 생활 주기가 재편되는 학교 생활은 내게 안정감을 주었다.

마음이 안정되자 다시 근본적인 의문이 들었다. 나는 왜 그

토록 혼란스러웠을까? 여성의 조직생활은 이대로 괜찮은가? 리더로 성장하고 싶다는 열망을 가진 여성이 남성과 동등한 기회와 평가를 받고 있는가? 알파걸들이 조직에 대거 진입하고 있으니 시간이 흐르면 자연스럽게 여성 임원들이 등장하는 때가 올 것인가?

떠오르는 여러 가지 질문을 바탕으로 연구를 시작했다. 2000년대 후반에 연구가 이루어지는 만큼 내가 한창 사회생활을 하던 1990년대와는 차이가 있으리라 예상했다. 하지만 조직 내 여성 리더십에 관한 연구를 진행해보니 상황이 별반 달라지지 않았음을 알게 됐다. 많은 남성이 "이제는 여성상위 시대"라고 비아냥대거나, "가만히 놔둬도 여성은 알아서 다 임원이 될 것이다"라는 낙관론을 펼칠 때 나도 어느 정도는 동의했으나 현실은 달랐다.

내가 직장생활을 할 때와 현재의 상황이 크게 다르지 않음을 깨닫고 이 책을 쓰게 됐다. 특히 헤이조이스에서 만난 일하는 여성들, 일명 '조이스들'은 여전히 도전하기를 주저하고 조심스러워하는 듯했다. 지금보다 더 크게 꿈을 꾸어도 괜찮다고 그들에게 용기를 북돋아주고 싶었다. 사실은 조직에서 리더로 성장하고 싶은 열망을 가졌지만, 그 열망을 자신도 모르게 억누르고 있는 여성들에게 멘토링을 해주고 싶었다.

여성에게 주어지는 사회적 기대에 부응하고 싶어서, 일과 가정을 동시에 유지하느라 여유가 없어서, 자신에게 야망이 있다는 사실을 미처 깨닫지 못해서, 그 열망을 억누르고 존재감을 드러내지 않으려고 애쓰는 이들에게 자신을 있는 그대로 드러내는 법을 알려주고 싶다.

나답게 생각하고 행동하면서도, 주변 사람을 자기편으로 만들고, 그들과 연대하면서 영리하게 자신의 열망을 이루어내는 방법이 있음을 조곤조곤 말해주고 싶다.

● 경력 열망이 꺾이는 데 2년이면 충분하다

○ 글로벌컨설팅그룹 베인앤드컴퍼니가 직원 1,000명 이상 대기업을 대상으로 조사한 결과, 여성과 남성의 경력 열망 변화 패턴에 뚜렷한 차이가 있었다.[2] 입사 당시 신입사원 중 전체 여성의 43퍼센트와 전체 남성의 34퍼센트가 최상위 직급까지 승진하고 싶다는 열망을 보였지만 2년 이상 근무 후에도 경력 열망을 보인 인원은 16퍼센트로 급감했다. 반면 남성은 여전히 34퍼센트 수준을 유지했다.

하지만 놀랍게도 경력을 더 쌓고 상급관리자가 된 이후에는 경력 열망이 있다고 답한 여성의 인원이 다시 35퍼센트로 증가했다. 이때 남성은 56퍼센트로 여성보다 더 큰 폭으로 증가했다.

최고경영진까지 승진할 것이라는 자신감이 있다고 답한 인원도 입사 초기에는 남성과 여성의 차이가 거의 없었으나, 2년 이상 직장생활을 경험하면 여성의 인원은 13퍼센트로 급락했다. 상급관리자가 된 이후 그 인원은 여성은 29퍼센트, 남성은

55퍼센트까지 상승했다.

여성이 경험을 축적하고 기술을 익히면서 경력 열망을 회복하고 자신감을 갖게 된 것은 다행이지만, 남성과 비교하면 변화 폭이 상당히 크다. 조직에서 경력 열망이 꺾이는 시기는 주로 생애주기상 매우 중요한 사건들이 일어나는 시점이기 때문에 여성에게 중요하다.

결혼, 출산, 육아 등의 굵직한 결정이 이 시기에 이루어지면서 경력 열망은 더욱 감소하기도 하고, 경력 열망이 남아 있어도 스

'동의한다/아주 동의한다'라고 대답한 비율(%)

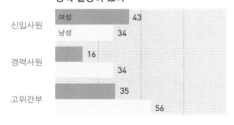

경력 열망이 있다

신입사원	여성	43
	남성	34
경력사원	16	
	34	
고위간부	35	
		56

리더가 될 수 있다는 자신감이 있다

신입사원	27
	28
경력사원	13
	25
고위간부	29
	55

스로 억압한다. 많은 여성이 양자택일의 압박을 받다가 결국 스스로 조직을 떠나겠다는 결정을 내리기도 한다. 그러나 이 그래프는 일정 시간이 지나서 경력이 쌓이고 직급이 올라가면 여성의 경력 열망이 다시 상승한다는 것을 보여준다. 이 그래프가 함의하는 바를 명심하시라.

입사 초기에 힘들고 막막한 느낌이 들더라도 그것은 나만이 아닌 모두가 경험하는 일이니 지레 겁을 먹거나 낙담하지 말자. 시간이 지나고 안개가 걷히면 어떤 길로 가야 할지 방향이 보이고 자신감도 회복되기 마련이니 이 책을 보며 그 과정을 미리 알아두길 바란다.

정말 롤 모델이 없을까

"회사에 롤 모델이 없어요." "여성 팀장을 보면 승진을 해야 겠다는 의지가 오히려 사라져요." 직장에 다닌 경험이 있는 여성이라면 누구든 공감하는 이야기일 것이다. 새내기 여성 직장인이 자주 하는 하소연이기도 하다. 그들은 자신들이 그 리는 미래상과 일치하는 상사나 선배를 찾기 어렵다고 토로 한다.

특히 입사하고 몇 년 되지 않은 직장인 여성은 선배 세대 와 괴리감을 더 크게 느낀다. 여성 선배들을 보며 오히려 "닮 고 싶지 않다"는 부정적인 인상을 받는 경우가 더 많을 것이 다. 직장에서 자주 보는 선배의 모습을 크게 3가지로 분류해 보자.

첫째, 명예남성형이다. 남성중심적 조직문화에 적응하려 고 남성의 룰을 적극적으로 받아들인 경우다. 회식 자리에 서 남성 못지않게 술을 잘 마시고, 탬버린을 흔들며 노래방 분위기를 이끈다. '겉모습만 여자'라는 말을 듣기도 하고 '여 장부' '여장남자' 등의 별칭을 얻기도 한다. 남성 동료 및 상 사에게 "성격 좋다" "조직생활을 잘한다"는 평판을 듣는다.

1980~1990년대에 직장생활을 시작한 여성 중 지금까지 활동하는 여성 대부분이 여기에 속한다.

당신에게 이들은 남성의 룰에 지나치게 순응한 선배로 보일 수 있다. 자신의 정체성, 성격 등과 무관하게 남성처럼 행동하고 사고하며 버틴 선배. "저렇게까지 해야 했나" 하는 생각도 들고 자기 방식으로 사는 것이 아니라 사회 주류의 기대와 외부 시선에 자신을 맞추며 생존했다는 점이 실망스럽다. 당연히 롤 모델로 삼고 싶지 않다.

둘째, '일과 결혼했어요'형이다. 일에 헌신적이고 미혼이다. 사석에서 우연히 속 깊은 이야기를 나누다 보면 자신은 일에 매진하느라 남자를 만날 시간도, 남자에 관심도 없었다고 덤덤하게 회고한다. 야근, 주말 근무, 출장 등을 마다하지 않는다. 남다르게 노력하며 치열하게 살아온 만큼 세상사에 대한 기준이 높고 엄격하다. 조직생활이나 업무 등에서도 깐깐하다.

일과 생활의 균형을 이루지 못한 '일과 결혼했어요'형도 닮고 싶을 리 없다. 일에 모든 것을 건 것처럼 보이는 선배야말로 가장 닮고 싶지 않은 모습일 것이다. 게다가 이 유형은 매사에 간섭과 잔소리가 심하다. "여성이 인정받으려면 남성보다 2배로 열심히 일해야 한다" "네가 제대로 하지 않는 것은 다른 여자들을 욕먹게 하는 일이다" 등등 공동책임을 강조하는 말을 늘어놓는다. 후배 입장에서는 이런 논리를 받아들이기 어려울 것이다.

셋째, 슈퍼우먼형이다. 결혼을 했고 아이도 있다. 가정에 신경 쓰느라 일을 제대로 하지 못한다는 얘기를 들을까 봐 독하게 일한다. 물론 가정도 잘 돌봐서 슈퍼우먼으로 불린다. 이른 새벽에 일어나 아이들 학교 준비물을 챙기고 식사를 준비하고, 피트니스센터에서 운동하고 출근하는 선배. 자녀들은 공부도 잘하고 운동도 잘한다. 남편 뒷바라지도 자녀 교육과 마찬가지로 최선을 다한다. 업무 능력도 상당히 인정받는다. 회사에서는 "일 잘한다"는 평가를 받는데, 한편으로는 "독하다" "잠은 언제 자는지 모르겠다"는 비아냥거림이 섞인 평판이 돈다.

　이런 선배 유형도 그다지 닮고 싶지 않을 것이다. 일과 가정생활을 모두 잘 해내기 위해 자신의 영혼까지 끌어와 에너지를 쏟아부어야 하는 슈퍼우먼은 되고 싶지 않다. 장시간 근로의 신화를 더는 믿지 않을뿐더러 일하느라 개인생활을 희생하고 싶지도 않다.

　회사에서 이런 선배를 보며 지내다 보면 일찍이 비혼을 선택하기도 한다. 출산은 일찌감치 포기해버린다. 일과 가정 중에서 선택해야 한다면 가정을 포기하고 일을 선택한다. 어렵게 가정을 꾸리기보다는 자신의 개인생활을 조화롭게 누리고 싶기 때문일 것이다.

　물론 위의 유형에 속하지 않는 선배도 있다. 하지만 경력 열망을 이야기하는 이 책에서는 범위를 좁혀 위의 유형들 중심으로 살펴보려고 한다.

선배의 맥락을 통해 나만의 방식 찾기

조직의 중간관리자 이상이 된 여성 선배들은 앞에서 언급한 유형 어디에 속하더라도 공통점이 있다. 바로 살아남기 위해 치열하게 노력했다는 점이다.

여성이 조직에서 중간관리자를 거쳐 어느 정도 위치까지 올라가는 과정에 '꽃길'은 없었다. 일과 가정생활을 조화롭게 유지한다는 개념도 존재하지 않았다. 회사를 떠나거나, 치열하게 살아남거나 둘 중 하나를 선택해야 했다. 그들은 지금도 "내가 무능하다고 평가받으면 후배들에게 부정적 영향을 줄까 봐 두렵다"라는 생각을 한다.

자신의 현재 위치에서 상대를 바라보면 오류를 범할 수 있다. 현재의 선배 모습을 이해하려면 그들이 어떤 환경에서 직장생활을 시작했고 어떤 가치를 추구하며 오늘에 이르렀는지 그 맥락을 함께 읽어야 한다. 그래야 조직의 여성 선배들을 이해할 수 있고, 내가 가야 할 길도 더 선명하게 볼 수 있다.

여성의 대학진학률이 30퍼센트대에서 40퍼센트대로 증가한 1990년대에야 대졸 사원으로 여성을 채용하기 시작했다. 그렇다고는 해도 여성 선발 인원은 소수에 그쳤고 대부분의 기업 채용 공고에 여전히 '군필 남자'만 뽑는다고 버젓이 표기했다. 수백 명 또는 수십 명의 공채 인원 중 여성이 한두 명이던 시절이었다. 남성으로만 구성된 회사에 여성의 자리는 없었다. 여성들은 남성과 비슷하게 행동하고, 남성보다 더 열심히 일해야 인정받았다.

2019년 가을, KBS스페셜 〈사표 쓰지 않는 여자들〉에서는 국내 기업에서 여성 임원이 극소수인 이유를 분석하며 여성 임원들을 인터뷰했다. 금융기업 전무인 한 여성은 "입사 후 소원은 대리가 되는 것이었다"라면서 "남성 후배들이 당연히 나보다 승진이 빠를 테니 후배에게도 늘 존댓말을 썼다"고 말했다. 또 다른 여성은 "남성들에 둘러싸여 일하면서 항상 자신을 신기한 동물로 취급하는 듯한 시선을 받았다"고 회고했다.

신혼여행에서 돌아와 처음 출근한 날 책상에 쓰레기가 쌓여 있어서 울며 사표를 냈다는 여성, 여성 탈의실이 없어 화장실에서 옷을 갈아입었다는 여성, '김 양'이라는 호칭으로 불리지 않으려고 몇 년 동안 노력했다는 여성, 회식에 빠지면 소속감이 없다고 지적받거나 아이가 아파서 집에 조금 일찍 퇴근하면 '충성심이 없다'고 뒷말을 들었던 여성까지 그들의 고군분투는 일일이 열거하기도 어렵다. 출산 및 육아로 경력이 단절되고 기존의 일자리로 돌아가지 못한 여성들은 또 얼마나 많은가.

당신이 조직에서 만나는 선배들은 알고 보면 눈물겨운 이야기의 주인공이다. 그들이 현재 어떤 모습이든 그들은 조직에서 소수자로, 자기가 속한 조직에서 생존하기 위해 수많은 난관을 극복하고 현재에 이르렀다.

그러므로 롤 모델이 없다고 말한다면 선배들은 서운해할 것이다. 여느 조직에서 만나는 그런 선배야말로 '여자 선배는 아무도 없었던 상황'에서 조직생활을 해야 했던 여성들이었다. 눈치껏 남성 동료의 행동을 흉내 내면서 튀지 않으려고 노력해야 했다.

그런 맥락을 고려해서 선배를 존경해야 한다거나 닮아야 한다는 의미가 아니다. 현재의 맥락으로 선배를 평가함으로써 그들의 성취까지 평가해버리면 아무것도 얻을 수 없다. 선배들은 자신이 처한 환경에서 그들 나름대로 최선을 다하며 살아왔기에 그 시대적 배경과 상황의 맥락에서 그들을 이해해야 한다.

겉모습을 보면서 "롤 모델이다, 롤 모델이 아니다"라고 평가하지 말고 선배들이 경험한 사회와 개인적인 상황을 들여다보아야 한다. 그래야 배울 점이 있고, 내가 가야 할 길도 찾을 수 있다. 그러면 선배 세대의 방식이 아닌 자기 세대의 방식으로 승진을 기대할 수 있게 된다.

● 남성중심적 조직에서 여성이 소수일 때 나타나는 토큰현상

○ 일하는 여성들이 조직에서 경험하는 불평등에 대해 주목한 초기 연구자는 로자베스 칸터다. 그는 남성이 주류를 이루는 조직에서 소수의 여성이 재직할 경우. 그 여성들이 '토큰의 위치'에 머문다는 개념을 처음 제시했다. 이를 토큰현상Tokenism이라고 한다. 여성을 일부만 뽑아 구색을 갖추는 관행이다. 남성중심적 조직문화에서 남성에 둘러싸여 일하는 소수의 여성들은

3가지 현상을 경험한다.

첫째. 남성보다 더 노력하고 더 잘해서 자신의 능력을 입증해야한다. 소수의 여성은 언제나 눈에 띈다. 실수하거나 업무 성과가 떨어지면 더욱 눈에 띄므로 성과를 더 내야 한다는 압박을 심하게 받는다.

둘째. 여성에 대한 고정관념 때문에 업무 영역. 직위 등에서 제약을 받는다. 여성은 남성에 비해 추진력. 결단력이 떨어진다는 평가를 받고 주요 과업이나 핵심 보직 등에서 제외된다.

셋째. 남성들이 주류인 환경에서 일하면 불편하고 위협감을 느껴 이를 해소하고자 남성들과 비슷해지려고 노력하게 된다. 여성이라서 다르다는 인상을 주지 않으려고 애쓴다. 소외되지 않으려고 노력하다 보니 '여성'이라는 정체성을 부인하게 된다.

최근 연구에서 남성이 주류더라도 조직문화가 포용적이고 남녀에게 기회가 평등하게 주어지면 여성의 토큰현상 경향이 두드러지게 나타나지 않는다는 결과도 있다. 즉 다양성의 가치를 인정하는 조직문화에서는 여성이 소수여도 토큰현상이 일어나지 않는다는 것이다.

한 발짝 뒤로 물러나는 습관

"고위 관료들과 회의를 했어요. 남성 한 명과 여성 2명이 회의에 참석했는데 남성은 당연하다는 듯 회의 테이블 앞쪽에 앉았어요. 그런데 여성 관료 2명은 테이블 뒤쪽 구석진 곳에 있는 의자에 앉아 있었어요. 제가 그 여성 관료들에게 테이블 앞쪽에 앉으라고 말씀드렸지만 그들은 끝까지 사양했어요."

페이스북의 COO인 셰릴 샌드버그가 테드TED 강연에서 밝힌 사례다. 샌드버그는《린 인》이라는 저서에서 자신의 메시지를 전달했다. 그중 가장 중요한 메시지가 바로 "테이블에 앉으라"는 것이다. 그는 여성들이 뒤쪽에 앉거나, 눈에 띄지 않는 구석 자리에 앉는 경향이 있다는 것을 인식한 이후 여성들을 유심히 관찰했다. 그리고 대부분의 여성이 한 발짝 뒤로 물러나는 습관이 있다는 것을 발견했다.

"남성과 여성은 업무 성과가 좋을 때 그 이유를 찾는 태도에 차이가 있습니다. 남성은 뛰어난 업무 성과의 공을 자신에게 돌립니다. 내가 일을 뛰어나게 해내서 성과가 좋은 것이라고 생각하죠. 심지어 당연한 질문을 왜 하냐는 듯한 반응을 보입니다. 그런데 여성은 자기 업무 성과가 좋은 이유를 운이 좋아서, 혹은 동료들이 자신을 잘 도와주었기 때문이라고 대답합니다.”

　이것도 샌드버그가 자신의 경험을 바탕으로 이야기한 것이다. 조직에서 좋은 성과를 냈을 때도 여성과 남성은 다른 태도를 보인다. 남성들은 자신의 성과뿐만 아니라 팀의 성과도 당연히 자신의 공으로 생각한다. 반면 여성들은 팀의 성과뿐만 아니라 자신의 성과까지 주변에서 도와주었고 운이 좋았기 때문이라고 겸손하게 말한다는 것이다.

　겸손한 태도가 바람직하지만, 자신의 역할이나 기여 정도를 지나치게 축소하는 것은 결국 조직에서 정당한 평가와 보상을 받는 데 부정적인 영향을 미친다. 특히 공을 자신에게 돌리는 남성과 비교할 때 평가와 보상에서 더 차이가 난다.

　지속적으로 자신의 성과를 축소하는 여성과 그에 반해 지속적으로 자신의 성과를 자랑스럽게 내세우는 남성을 동일선상에 놓고 보면 자연스럽게 성별에 따른 이미지가 형성된다. 남성은 성과를 낼 수 있고 능력이 있으며 적극적이고 도전적이라는 이미지를 획득한다. 한편 여성은 겸손하고 주변을 배려하며 사양할 줄 안다는 이미지를 획득한다. 이런 이미지는 대체로 정형화된 성별 이미지, 즉 성 고정관념Gender Stereotype과 일치한다.

성 고정관념과 호감도의 덫

성 고정관념은 성별에 따라 정형화된 유형을 의미한다. 남성적 이미지는 공격적이고 추진력과 결단력이 있고 과감한 모습이다. 여성적 이미지는 배려심 있고 타인을 보살피고 상냥한 모습으로 그려진다. 성 고정관념은 사회문화적으로 형성되고, 인간의 의식뿐만 아니라 무의식에도 강하게 영향을 미친다.

이는 조직생활에서도 예외가 아니다. 남성이 남성적 이미지를 갖고 여성이 여성적 이미지를 가지면, 즉 성 고정관념에 맞는 행동을 보이면 조직에서 원만하게 생활할 수 있다. 그 사람에 대한 상사나 동료의 호감도가 높아진다.

회의실 탁자의 주요 위치에 여성들이 가서 거리낌 없이 앉지 않는, 혹은 앉지 못하는 이유가 여기에 있다. 여성들은 자신이 테이블 중앙에 앉으면 동료들과 상사들의 '부정적인 반응'을 얻지 않을까 자신도 모르게 조심한다. 어린 시절 받았던 교육의 영향도 있다. 부모님이나 다른 어른들이 '착하고 얌전한 소녀'가 되라고 지속적으로 요구했고, 그렇게 행동하면 칭찬을 받으며 사회화된 것이다. 이것을 '나이스걸 신드롬'이라고 한다.

타인의 시선이나 기대에 부응하는 행동을 해서 호감을 높이려는 경향은 누구나 있지만, 특히 여성에게 이러한 경향이 더 강하게 나타난다는 결과는 많은 연구에서 입증되고 있다. 또한 여성이 남성중심적 문화에 있을 때 성 고정관념에 부합하여 행동하려는 경향은 더 강해진다. 즉 남성이 규칙을 정하

고 문화를 지배하는 곳에서 여성은 자연스럽게 남성의 기준
에 부합하는 행동을 하려는 경향성을 보인다.

　하지만 승진 혹은 핵심 직책으로의 이동 같은 결정적인 순
간에 이러한 '여성스러움'은 하나의 자격미달 요건으로 작용
할 수 있다. 여성의 성 고정관념이 '유능함' '믿을 수 있는 리
더'의 이미지와 배치되어 보이기 때문이다. 이 지점에서 여성
들은 '호감도의 덫Likability Trap'에 빠진다. 유능한 실력과 동
시에 여성적 성 고정관념에 맞는 호감도까지 확보해야 한다.

　〈뉴욕타임스〉는 2019년 미국의 민주당 대선후보 경선 과
정을 지켜보면서 여성 정치인들이 호감도의 덫에서 벗어나기
힘든 상황을 보도했다. 정치 또한 대표적인 남성중심적 영역
이다. 공격적이고 적극적이어야 하며 무대 위에서 자신을 마
음껏 드러낼 수 있어야 하는 분야로 남성의 성 고정관념에 부
합한다.

　이 분야에서 여성 정치인들이 유능하게 성장하려면 당연
히 위와 같은 자질을 갖춰야 한다. 그런데 여성이 이런 모습
을 보이면 유권자들은 '비호감'을 갖게 된다고 한다. 이 칼럼
에서 지목한 대표적인 사례는 대통령 후보였던 힐러리 클린
턴이다. 힐러리 클린턴이 유능하다는 사실은 모두 인정하지
만 호감도가 상당히 낮아서 결국 대통령이 되지 못했다는 것
이다.

　2020년 민주당 대선후보 경선 과정도 마찬가지였다. 엘리
자베스 워런, 카멀라 해리스, 에이미 클로버샤 등 여성 대통
령 후보들에 대한 언론의 평가에는 '이해하기 힘든' '이상한'

'공부 잘하는 괴짜' 등의 표현이 주를 이뤘다.

반면 도널드 트럼프 후보에 대해서는 "호감은 없지만 유능해 보여서 그에게 투표했다"는 표현이 많았다. 남성 후보에 대해서는 유능함만으로 지지 여부를 결정했지만, 여성 후보에게는 호감도라는 평가 기준이 추가되는 경향이 있었다.

일하는 여성이 조직에 진입하는 초기부터 자신이 받는 제약과 암묵적 기대를 명확하게 이해하고, 그것을 오히려 활용한다면 많은 측면이 달라질 것이다. 호감도의 덫에서 빠져나오는 수준을 넘어 그것을 오히려 활용하는 방안이 필요하다. 가장 효과적인 방법은 업무와 비업무를 나누어 다르게 대응하는 것이다. 업무를 할 때는 추진력과 책임감 있는 태도를, 업무 외의 사안에 대해서는 부드럽고 친절한 태도를 가져보자. 물론 쉽지 않지만 영리하게 호감도의 덫을 뛰어넘으려면 노력이 필요하다.

● 호감도의 덫을 유발하는 성역할 일치이론

○ 여성 리더십과 관련한 연구를 다수 진행한 노스웨스턴대학교 심리학과 교수 앨리스 이글리는 서던일리노이대학교 교수 스티븐 카라우와 함께 여성 리더의 성역할 일치이론이 편견으로 작용하는 현상을 분석했다.

이글리는 "조직에서 여성 리더는 2가지 상반된 요구를 받게 되고, 어느 하나를 충족하지 못하면 리더가 될 기회를 놓친다"고 설명했다. 여성은 사람들을 돕고, 상냥하게 행동하며, 다른 구성원들을 지원하는 것이 성역할 정체성에 맞는 것이고 남성은 추진력 있고, 결단력 있게 행동할 때 성역할 일치로 본다.

그런데 여성이 성역할 정체성에 일치하는 행동을 하면 호감도는 올라가지만 역량에 대한 신뢰도는 떨어진다. 반대로 여성이 남성 성역할처럼 추진력 있고 결단력 있게 행동하면 역량에 대한 신뢰도는 올라가지만 호감도는 떨어진다. 조직에서 여성 리더를 평가할 때는 2가지 경우 모두 저평가 요인으로 작용한다. 결국 여성은 상반된 요구를 다 충족해야 하는 어려운 상황에서 직장생활을 하게 되고, 2가지 요구를 동시에 충족해야 좋은 평가를 받는다.

이와 관련해 미국의 저널리스트 알리시아 메넨데즈는 저서 《호감도의 덫: 덫에서 벗어나 내 모습으로 성공하는 방법The Likeability Trap: How to Break Free and Succeed as You Are》을 펴내 큰 반향을 불러일으켰다. 이 책은 직장과 사회에서 하나의 이념처럼 작용하는 '호감도'라는 잣대가 여성에게 더욱 가혹하게 적용되고, 이것이 여성을 평가할 때 무의식적 편견으로 작용해 장애물이 되고 있음을 많은 사례를 들어 설명한다.

세계 각지에서 일어나는 현상이라고 하지만 한국의 기업에서 더 선명하게 나타난다. 유교적 관습과 가부장적 사회체제가 아직 사람들의 의식 속에서 지배적으로 작동하고 있기 때문이다. 아무리 우리 사회의 변화가 빨라도 인식의 변화는 더디다. 특히 기존 체제에서 이득을 보는 쪽이 있다면 인식을 바꾸기는 더 어렵다. 그래서 자신을 둘러싼 제약이 무엇인지 정확하게 인식하고 이를 바꿀 방법을 찾아내 주변 사람들과 함께 행동해야 한다.

룰 테이커가 아닌 룰 세터

"회사의 대표가 되니까 정말 좋았어요. 내가 원하는 방식으로 회사를 변화시킬 수 있었으니까요. 나는 조직구성원들이 발전된 기술을 습득할 수 있도록 교육을 의무화했고, 이를 통해 자신감 있게 업무를 할 수 있도록 했어요.

현업이 바쁘다고 팀원을 교육 프로그램에 보내지 않으려는 팀장들을 설득했고, 모든 조직구성원이 자신에게 필요한 전문교육을 받을 수 있게 했어요. 그리고 교육도 주말이 아니라 평일에 받도록 회사 규정을 바꾸었어요. 모두들 신났어요. 회사 성과가 올라간 것은 말할 필요가 없지요."

IT업체 대표였던 B는 지금도 당시를 떠올리면 얼굴이 환해진다. 그는 결정권을 가진다는 것은 멋진 일이라고 말했다. 구성원들이 성장하도록 지원하면 회사도 성장한다는 자신의 철학을 마음껏 펼칠 수 있었기 때문이다.

여성 리더가 더 늘어나야 한다고 주장하면 "왜 그래야 하냐"고 묻는 이들이 종종 있다. '성공'이라는 개념은 다양하고, 자신만의 성공을 추구할 수 있다는 것이다. 조직의 리더가 되는 것이 곧 성공이라는 주장은 기존의 남성적 가치관을 답습

하는 것이라고 비판하기도 한다.

모두에게 각자의 성공 개념이 있다. 이를 인정한다. 그래서 '내 모습 그대로 성공하는 것'이 중요하다. 일과 개인생활의 균형을 성공이라고 생각한다면 조직의 리더로 승진하기보다 전문가로 성장하면서 개인생활에 원하는 만큼 시간을 투입하면 된다. 자신이 좋아하는 일을 진정성 있게 하는 것이 성공이라고 생각한다면 조직의 리더가 되기를 꿈꾸기보다 작은 가게를 창업하면 되는 것이다.

일하는 여성의 성공 개념은 다양하고, 각자의 가치관에 따라 성공을 추구하는 방식은 옳다. 그렇다면 '리더가 되어 의사결정에 참여하고 내가 원하는 방식으로 조직을 이끌고 싶다'고 생각하는 여성이 리더가 되는 것도 당연히 가능해야 한다.

정해진 규칙을 받아들이는 수동적 존재인 룰 테이커Rule Taker가 아니라, 조직의 규칙을 새롭게 결정하고 조직을 변화시키는 의사결정자인 룰 세터Rule Setter가 되고 싶은 여성의 열망을 마음껏 표출할 수 있어야 한다. 본인의 역량이나 능력이 아니라 사회문화적 장애물이나 무의식적 편견 때문에 좌절하는 일은 없어야 한다. 조직을 바꾸고 세상을 나은 방향으로 개선하고 싶다는 열망을 가진 여성이 결혼을 하거나 아이를 출산했다는 이유로 그 열망을 포기해야 하는 현실은 문제가 있다.

고위직 여성이 자리를 떠나는 것의 의미

우리나라 최고의 대기업에서 부사장을 지낸 여성 C는 재직

시절 대표에게 신임과 총애를 받았고 회사에서 능력도 인정 받았다. 하지만 어느 날 몹시 지친다는 느낌이 들었다. 이제 는 개인생활을 편히 누리고 싶다는 생각에 크게 고민하지 않 고 회사에 사표를 냈다.

임원 이상의 직급자가 스스로 사표를 낸 사례는 그 회사에 서 처음이었다. 회사를 그만둔 후 비교적 여유 있는 개인생활 을 누리던 그는 후배들의 소식을 들으면서 안타까움을 느꼈 다. 자신의 사직 이후 상무보에서 상무로 승진하는 여성의 수 가 급격히 줄었기 때문이다.

몇 년째 그런 일이 반복되자 이제 여성 임원은 극소수만 남 았다. 근래에는 외부 인사를 한 사람 충원한 뒤로 사실상 내 부 승진은 거의 없는 상황에 이르렀다. 자신이 회사를 떠나고 벌어진 일련의 상황을 접하고 C부사장은 후회했다. 한 사람 의 선택이 이렇게 큰 파장을 가져올 만큼, 우리나라 기업에는 고위직 여성이 적다. 여성이 자유롭게 거취를 선택할 수 있기 위해서라도, 고위직 여성이 더 많이 필요한 것이다.

"내가 그 자리를 떠나는 것의 의미를 제대로 인식하지 못 했던 것 같다. 그냥 개인적으로 좀 쉬고 싶었고, 이룰 만큼 이 루었다는 생각도 들어 쉽게 결정했다. 이후에 벌어질 일을 예 상했다면 그렇게 그만두지는 않았을 것이다."

같은 대기업에서 상무 승진에 탈락한 여성의 사례를 보자. 그는 승진을 앞둔 해에 실적이 좋았던 터라 당연히 승진을 할 것이라 믿었지만 결과는 탈락이었다. 만약 자신이 탈락할 가 능성이 조금이라도 있다는 걸 알았다면 자신의 실적이나 포부 등을 더 적극적으로 어필했을 것이라고 뒤늦게 후회했다.

"임원 승진 단계에서는 의사결정자 중 누군가가 강력하게 밀어주는 후보자가 승진한다. 그 단계에서 실적은 결정적 변수가 아니다. 임원 후보자들 중에서 이 사람은 반드시 돼야 한다는 의중을 가진 의사결정자가 있어야 한다. 이 현실을 너무 늦게 깨달았다."

실적이 월등하면 임원으로 선택될 것이라고 생각했지만 현실은 달랐다. 만약 여성 부사장이 그 자리에 있었다면, 그래서 의사결정에 적극적으로 개입했다면 상황은 달랐을 것이다. 실제로 C부사장은 현직에 있을 때 항상 여성 후보가 누구인지, 만약 여성 후보가 승진에서 누락되면 이유가 무엇인지 확인했다고 한다. 그는 해당 기업뿐만 아니라 다른 계열사에서 여성 후보가 승진에서 누락됐을 때도 이유를 확인했다. 계열사에 영향력을 미칠 수는 없었지만 적어도 탈락 사유를 확인하는 것만으로도 어느 정도 예방 효과는 있을 것으로 여겼기 때문이다.

또 다른 대기업의 인사담당인 여성 팀장은 육아휴직을 다녀온 직원의 성과평가 기준을 바꾸었다. 육아휴직 후 돌아온 여성(물론 아주 소수지만 남성일 수도 있다)은 그해 인사고과에서 무조건 C를 받게 돼 있었는데 이 팀장이 적극적으로 개입해 C를 B로 바꾸었다. 평가 기준을 바꾸려고 열심히 노력해 변화를 만들어낸 것이다. 그가 이렇게 노력한 이유가 있다.

"육아휴직이 끝나고 회사로 돌아오지 않는 여성이 점점 늘어나는 겁니다. 내가 무슨 대단한 영화를 누리겠다고 갓난아이를 두고 출근하나 하는 생각이 들고 지금 회사로 돌아가면 업무 역량도 뒤처지고 평가 점수도 낮을 텐데 동기들 뒤통수나 보면서 따라갈 생각을 하니 차라리 복귀하지 않겠다고 결정하는 겁니다. 복귀에 대한 스트레스를 심하게 받는 거죠.

이 단계에서 이탈하면 다시 돌아오기 힘들어지고 결국 미래의 여성 임원 후보군이 급격하게 줄어드는 원인이 됩니다. 그래서 육아휴직 후 복귀를 확대하는 다양한 방법을 생각해 냈습니다."

룰 세터 자리에 더 많은 여성이 필요하다

당신은 생각할 것이다. 이제 막 조직에서 커리어를 시작하는 나에게 '리더 이야기'는 아주 먼 미래의 일처럼 들린다고, 우선 조직에 적응부터 하고 보자고. 하지만 조직에 여성 리더가 희소하다는 현실은 당신에게 지대한 영향을 끼친다.

그것은 바로 첫째, 당신과 같은 조직의 여성들이 자신도 모르게 경력 열망을 낮춘다는 점이다. 여성은 CEO를 비롯해서 경영진에 남성만 포진하고 있다면 남성만 임원이 될 수 있다는 생각을 무의식적으로 하게 된다. 조직에서 어디까지 진급할 수 있을까 하는 기준에 선을 긋기도 한다. 이것은 여성뿐만 아니라 남성에게도 영향을 미친다. 모든 조직구성원은 "남성은 경영진이 될 수 있지만 여성은 될 수 없다"는 생각을 하게 된다.

둘째, 의사결정 과정에 여성이 참여하지 않으면 모든 규칙은 남성이 정하고, 이는 남성중심적 조직문화를 공고하게 한다. 육아휴직은 단지 여성에게 주는 혜택이라는 인식, 여성은 중간관리자 역할을 맡는 것이 적당하고 리더로서는 능력이 떨어진다는 편견 등이 여전히 조직에 팽배하게 된다.

이런 조직에서 젠더 다양성이나 포용성에 관해 논의하려고 하면 눈총을 받는다. 이런 조직에서는 다양성도 포용성도 기대하기 힘들다. 육아휴직을 포함한 가정친화적 제도를 여성에게 주는 혜택이 아니라 부모에게 주는 당연한 책임과 권리로 인식하고 실행하는 다국적 기업의 포용적 문화는 그저 남의 일일 뿐이다.

셋째, 여성 리더의 희소성은 조직의 성과에도 영향을 미친다. 각종 연구 결과에서 젠더 다양성을 추구하는 기업이 그렇지 않은 기업보다 성과가 더 우수한 것으로 나타났다. 최근 매킨지앤드컴퍼니, 크레디트스위스 등 여러 컨설팅 기관이 대규모 프로젝트로 젠더 다양성의 효과를 연구해 발표하고 있다. 이들 연구에 따르면 젠더 다양성이 높은 조직일수록 의사결정의 품질이 좋아지고, 조직의 혁신성, 창의성, 소비자 만족도 등의 지표가 향상된다. 그 밖에 재무 성과도 높은 것으로 밝혀졌다.

여성은 저절로 임원이 되지 않는다. 2000년대에 공부, 운동 등 각종 활동에서 남성을 능가하는 여성이 늘어나면서 '알파걸 신드롬'이라는 용어도 등장했다. 우리나라도 여성들의 약진이 두드러졌다. 하지만 각 분야의 리더급 혹은 의사결정이 가능한 직위의 여성 비율은 여전히 제자리걸음이다.

다시 말해 리더로서 룰을 결정하는 자리에 있는 여성의 수가 늘어나지 않는 한 저절로 여성 리더의 수가 늘어나지는 않는다. 여성이 '룰 세터'의 자리에 앉아야 룰이 바뀌고, 룰이 바뀌어야 유리천장에 금이라도 가게 할 수 있다.

우리 조직에 여성 리더가 부족한 것이 이상하다고 느끼는가? 견고한 유리천장에 작은 균열이라도 내고 싶은가? 그렇다면 힘을 함께 모을 사람들을 찾자. 나와 비슷한 생각을 하고, 도움을 주고받으며, 함께 성장할 수 있는 동료들을 확보하는 것이다. 회사 동료들을 한 사람 한 사람 떠올려보자. 그리고 그들에게 관심을 갖고 이야기를 나눠보자. '내 편을 만드는 과정'이다. 일주일에 한 번은 동료를 만나면서 서로에게 도움이 되는 사람을 확보하자.

대상을 회사 내부로 제한할 필요는 없다. 요즘 일하는 여성들을 위한 커뮤니티, 소모임, 사이트가 활발하게 운영되고 있다. 헤이조이스, 소셜 미디어에서 일하는 여성의 고민을 함께 나누는 '번뇌하는 언니들',[3] 퍼블리 등 재미있고, 유익하고, 내 편을 확보하는 일석삼조의 기회가 주변에 가득하다.

● 자신감을 유능함으로 착각하는 경향

○ 토마스 차모로-프레무지크는 《왜 무능한 남자들이 리더가 되는 걸까?》라는 저서에서 사람들은 자신감을 유능함으로 착각하는 경향이 있고, 남성들이 대체로 스스로를 높게 평가하면서 자신감이 있기 때문에 사람들은 대체로 남성들이 유능하다고 판단한다고 설명한다. 하지만 자신감을 드러내는 것이 곧 유능함을 의미하지 않으며 자신감만 넘치고 정작 유능하지 못한 남성들이 리더가 되어 조직을 망가뜨리는 경우가 종종 있다는 점을 지적한다.

여성은 승진을 앞두고 '내가 잘할 수 있을까'라고 생각하며 자기 역량을 객관적으로 판단하려고 노력하는 데 반해 남성은 '나는 무조건 잘할 수 있다'라고 여기며 자신감을 표출한다. 그래서 임원 후보군을 판단할 때 이런 경향까지 감안해야 한다는 것이다. 손을 번쩍 들고 적극성을 보이는 것이 곧 역량 있는 사람은 아니라는 사실을 분명하게 깨달아야 한다.

하지만 대부분의 조직에서 이런 결정을 내리는 사람들은 남성이기 때문에 자신감의 표현을 역량이 있다는 신호로 잘못 판단하는 현상은 사라지기가 어렵다. 조직의 의사결정자들의 남성과 여성 비율이 비슷하다면 남성과 여성의 특징을 있는 그대로 인식할 수 있을 것이다. 리더의 자격 여부도 '이미지'가 아니라 '실제 역량'을 토대로 판단할 수 있을 것이다.

스트레스를 받을까 봐
리더가 되기 두려워요

얼마 전 회사에서 팀장 제의를 받았습니다. 새로 생기는 팀인데 제 경력이나 전문성과도 잘 맞고 회사도 크게 기대를 거는 신사업 전담팀입니다. 막상 제의를 받으니 갖가지 감정이 들더군요.

처음에는 이번 기회에 실력을 발휘해 회사에서 인정받고 싶다는 생각을 했습니다. 그동안 많은 성과를 냈지만 제대로 인정받는다는 느낌은 들지 않았거든요.

하지만 곧 두려움이 엄습했습니다. 리더가 되면 실적이나 관계에 대한 스트레스가 어마어마할 텐데 그런 것들을 잘 이겨낼 수 있을지 걱정이 밀려왔습니다. 담당 업무를 수행하는 실무자와 직원들을 움직여 성과를 내는 리더는 다르니까요. 스트레스를 극복하지 못하고 리더가 된 것을 후회할 수도 있잖아요. 어떻게 해야 할까요?

– 기회의 문 앞에서 망설이는 D과장

D과장님, 고민이 많으시겠어요. 여성 직장인 중에는 이런 고민을 호소하는 경우가 많습니다. 그러니 자신만의 문제는 아니라는 점에 먼저 위안을 받으시길 바랍니다.

"리더와 팔로어follower 중에 누가 더 스트레스를 받을까요?" 이렇게 질문하면 대부분 이런 식의 대답을 합니다. "리더요. 월급을 많이 주는 데는 그만한 이유가 있거든요." 정말 그럴까요? 리더는 팔로어보다 스트레스가 더 심할까요?

이 질문의 답을 유추해볼 수 있는 연구가 있습니다. 화이트홀 연구The Whitehall Study는 영국의 공무원을 대상으로 직급과 관상동맥질환의 사망률을 조사해 건강의 사회적 결정요인을 알아보기 위해서 설계됐습니다.

1967년부터 10년간 남성 공무원 1만 7,530명을 대상으로 장기 연구를 진행했는데, 연구 책임자인 마이클 마멋은 이 연구로 공무원의 직급과 사망률이 강한 부적 관계인 것을 발견했습니다. 즉 직급이 낮을수록 사망률이 높다는 것입니다.

배달원과 같은 최저 직급의 공무원 남성의 사망률은 관리자와 같은 최고 직급의 공무원 남성보다 3배나 높았습니다. 물론 직급이 낮은 공무원은 직급이 높은 공무원보다 비만일 확률이 높고 흡연을 더 하며 신체 활동을 하는 여가가 짧았습니다. 또한 기저질환이 더 많았고 혈압이 높으며 신장은 작았습니다. 이러한 특성이 사망률을 높인다고 가정할 수 있으나, 해당 특성을 통제한 후에도 최저 직급은 최고 직급에 비해 관상동맥질환에 의한 사망률이 2.1배 높았습니다.

마멋은 이러한 차이가 직업 통제와 직업 지원의 차이 때문이라고 분석했습니다. 직장에서의 혈압은 업무 수행 시 자신의 기술을 제대로 활용하지 못할 때나 업무의 명료성이 부족할 때 그리고 긴장할 때 높아질 수 있습니다.

직무 스트레스 점수가 최고까지 올라갈 정도로 스트레스가 극심할 때 고직급 남성의 혈압 상승 폭도 훨씬 컸습니다. 반면 가정에서 나타나는 혈압 상승은 직무 스트레스 수준과는 관련이 없었습니다. 이러한 효과는 후에 다른 연구에서도 검증했고 사회계층의 지위가 높은 사람이 더 건강하다는 의미로 '지위증후군Status Syndrome'이라고 명명됐습니다.[4]

마멋은 자신의 저서 《사회적 지위가 건강과 수명을 결정한다》에서 건강의 사회적 차등을 만드는 결정적인 요소로 '삶에 대한 지배력'과 '참여의 정도'를 지목했습니다. 지위가 낮은 사람은 삶에 대한 지배력이 낮고 사회적으로 배제될 가능성이 높은데, 이 2가지 요소는 지위증후군의 중요한 측면으로 건강을 악화하는 데 크게 영향을 끼친다는 것입니다.[5]

여러 문헌에서 밝힌 스트레스 유발 요인은 보편적으로 불확실성, 정보 부재, 조절 능력 상실입니다.[6] 불확실성은 완전하지 않거나 알 수 없는 정보를 수반하는 상황을 의미합니다. 미래에 일어날 일을 예측하기 어려울 때 인간은 스트레스를 받습니다. 정보가 없는 상황도 마찬가지입니다. 인간은 불확실한 것을 마주할 때 두려움을 느끼곤 합니다. 공포는 알지 못하는 것에 대한 두려움이라는 말이 있습니다. 마지막으로 인간은 자신이 무언가를 통제할 수 없다고 느낄 때 스트레스를 받습니다. 아무것도 할 수 없는 상황에서는 무기력감이 드니까요.

그렇다면 리더가 되면 불확실성, 정보 부재, 조절 능력 상실의 상태는 어떻게 달라질까요? 팔로어보다 더 나은 환경에 진입할 수 있고 더 많은 정보를 얻을 수 있습니다. 회사의 상위직급자를 만날 기회가 많아지고 고급 정보에 접근할 수 있는 권한이 주어지니까요.

이에 따라 미래에 대한 예측 능력이 향상됩니다. 또한 권한이 확장되기 때문에 주도적으로 일을 처리할 수 있는 가능성이 높아집니다. 화이트홀 연구에서 직급이 낮은 공무원들의 사망률이 높은 것을 상위직급자보다 불확실한 환경에서 부족한 정보로 재량권이 없는 일을 하기 때문이라고 해석할 수 있습니다.

그러니 D과장님, 리더가 될 기회가 있다면 과감하게 도전해보세요. 업무 환경이 달라지기 때문에 일시적으로 스트레스 수준은 올라갈 수 있지만 자기 주도적으로 큰 그림을 보면서 일할 수 있기 때문에 보람과 만족을 더 크게 느낄 수 있을 거예요. 회사가 D과장님을 리더로 지목한 데는 분명 이유가 있을 겁니다.

회사는 항상 최적의 인재를 적재적소에 배치하려고 합니다. 그러니 이 기회는 회사가 나를 인정했다는 확실한 신호입니다. 또한 실패에 대한 두려움을 내려놓을 필요가 있어요. 실패하면 어때요? 그 과정에서 배우고 얻을 점이 있습니다. 실패가 두렵다고 포기하기보다는 도전하는 용기를 내는 게 더 가치 있지요. 그러니 '실패는 나쁜 것'이란 인식에서 벗어나 기회의 문을 열어보세요. 그래야 성장이라는 열매도 맛볼 수 있습니다.

선행 연구를 보면, 직책이 없어도 TF팀이나 팀 내에서 다양한 리더 역할을 수행한 사람은 리더가 될 수 있다는 자신감과 리더십 발휘를 향한 열망이 강한 것으로 나타납니다. 그러니 어느 자리에서든 리더가 될 기회가 있다면 물러서지 말고 "저요. 제가 하겠습니다!"라고 말하며 손을 번쩍 들어보세요.

처음부터 훌륭한 리더는 존재하지 않습니다. 도전하고 경험하면서 훌륭한 리더로 성장하는 것이지요. "팀장 승진이요? 저는 싫어요. 수당은 쥐꼬리만큼 적게 받으면서 스트레스는 더 받는 것보다 그냥 가늘고 길게 회사 생활이나 할래요." 이런 생각을 하는 이들에게 이렇게 말해주고 싶어요.

"팀장이 되면 팀장 수당을 받는 것이 전부가 아니고 탄탄한 커리어와 강력한 네트워크를 내 자산으로 마련할 기회를 얻기도 합니다. 이런 기회를 계속 거절하면 결국 연차만 쌓이고 실력은 없는 직장인으로 머물고 말아요. 나중엔 팀장이 되고 싶어도 할 수 없습니다. 그러니 기회가 오면 꼭 잡으세요!"

2

조직의 현실,
제대로 알고 있나요

유리천장이 아닌 방탄유리천장

"젊은 여성이여, 북쪽으로 가라Go north, young woman." 2020년 3월 7일 자 영국의 시사주간지 〈이코노미스트〉 특집호의 표제다. 〈이코노미스트〉는 매해 3월 8일 국제 여성의 날에 전 세계 29개 주요 국가를 대상으로 조사한 '유리천장지수Glass Ceiling Index'를 발표한다. 주로 OECD 회원국이 조사 대상이다. 유리천장지수란 직장에서 남성과 여성의 격차를 측정하는 것으로 주요 측정 부문은 임금, 교육수준, 경제활동 참가율, 부모로서의 육아 관련 제도, MBA 지원, 조직 내 고위직 비율 등 10가지다.

〈이코노미스트〉 표제 기사에 따르면 "한국의 여성은 남성보다 임금을 35퍼센트 적게 받고, 관리직에서 여성의 비율은 7분의 1, 이사회에서 여성의 비율은 30분의 1밖에 되지 않아 9년째 최하위를 기록 중"이고 "아이슬란드, 스웨덴, 핀란드 등의 북유럽 국가는 여전히 최상위권에 속하며 이사회, 관리직 등 모든 리더 직급에서 여성의 비율이 절반 가까이 된다"는 것이다. 반면 한국과 일본 등 동아시아 여성들은 '유리천장'이 아니라 '방탄유리천장'에 직면한다고 표현했다. '북쪽으로 가라'는 기사의 제목은 여기서 나온 것이다.

누구는 이렇게 항변할지도 모른다. '선진국과 비교하니까 우리가 꼴등인 것 아니냐'라고. 사실 우리나라의 경제 규모나 수준을 감안하면 우리나라의 유리천장지수는 당연히 OECD 회원국 중에서 평균 수준은 되어야 한다. 그러면 기준을 완화하고 아프리카 국가들까지 조사 범위에 포함한 보고서를 살펴보겠다.

'다보스포럼'으로 더 유명한 세계경제포럼WEF: World Economic Forum도 매년 〈성 격차 보고서Global Gender Gap Report〉를 발간한다. 이 보고서에서도 우리나라는 최하위권에 속하며 2020년 144개국 중 108위를 기록했다.

우간다라는 국가를 폄하할 의도는 아니지만 종종 '우리나라가 우간다보다 여성의 지위가 열악하단 말이냐'고 강변하는 이들이 있다. WEF 보고서가 사실과 다르다고 굳게 믿는 이들이다(이들은 우리나라에서 여성이 남성보다 우월한 지위를 누리므로 이제 여성상위시대라고 목소리를 높이는 경향이 있다).

보고서의 제목을 정확하게 이해하면 우리나라의 순위를 납득할 수 있다. 교육, 보건, 리더 직급에서 여성의 비율, 사회에서 드러나는 여성의 대표성 등 핵심적인 지표를 기준으로 남성과 여성의 격차를 측정했고 점수를 매겼다. 따라서 이 순위는 여성의 삶의 질이나 지위에 대한 절대적인 수준을 의미하지는 않는다.

우리나라 성별 격차의 특징은 매우 뚜렷하다. 교육 수준, 기대수명, 건강 등 인적 자본을 축적하는 측면에서 여성과 남성 간의 차이가 없어 조사 대상 국가 중 1위를 기록했다. 즉 인적 자본을 축적하기 위한 투입input의 정도에서는 우리나라에서 성별 차이가 없었다. 능력이나 역량 면에서 세계 어느 나라보다 남녀의 격차가 없다는 의미다.

그런데 왜 최종적으로 108위라는 순위가 나오는가? 남녀 간 임금 차이, 기업의 관리자·임원·이사회에서 여성의 비율, 국회 및 행정부 고위 관료 중 여성의 비율 등의 부문에서 최하위 수준을 기록한다. 즉 인적 자본의 성과output에 관한 남녀 격차가 심하게 벌어지기 때문이다.

그럴 수 있는 일이라고 넘기기에는 차이가 너무 크다. 인적 자본을 축적한 것에 비해 그에 따른 성과는 남녀의 격차가 극단적으로 벌어져 있다. 그런데 왜 이런 현상이 개선되지 않을까. 우리나라는 WEF가 성별 격차를 발표한 이후 줄곧 최하위권이었다.

이 책에서 주목하는 원인은 조직이나 사회의 최고위층에 여성이 없다는 것이다. 의사결정권을 가진 여성의 비율이 세계에서 최하위인 것이 결정적인 원인이다. 이해하기 쉽게 다시 설명하면, 사회의 리더 직급에 여성이 없으면 법, 제도, 문화가 양성평등적으로 변화하기 힘들고, 사회적 토대에 이러한 변화가 없으면 여성이 리더 직급에 올라가기 힘든 현상이 반복된다는 것이다. 즉 여성 리더가 희소하면 여성 리더가 늘어날 가능성도 희박하다는 이야기다.

연구 결과에 따르면 의사결정권을 가진 여성이 늘어나면 사회를 움직이는 토대, 즉 제도가 양성평등적 방향으로 움직인다. 당연한 이야기다. 사회를 움직이는 힘을 가지는 자리에 여성이 늘어나면 여성을 차별하지 않도록 제도와 법이 개선된다. 마찬가지로 기업을 움직이는 힘을 가지는 위치에 여성이 늘어나면 조직문화와 제도가 양성평등적 방향으로 변화한다.

"여성 국회의원이 늘어날수록 기업의 양성평등적 제도나 법안이 통과될 가능성이 높다"라는 연구 결과는 당연하다. 미국의 여성 대법관 루스 베이더 긴즈버그가 이룬 업적을 떠올리면 쉽게 이해된다. 긴즈버그는 평생 여성과 소수자의 인권 향상에 투신했고, 설득과 합의로 실제 성과를 이루어냈다. 대법관이라는 대단히 영향력이 큰 자리에 그가 있었기에 양성평등 실현을 향한 큰 진전이 있었다. 1993년 대법관 지명 의회 청문회에서 밝힌 소신은 유명하다.

"아이를 낳을지 여부는 여성의 삶의 방식, 행복과 존엄과 관련한 핵심적인 결정이다. 이는 여성이 자신을 위해서 결정할 문제다. 여성을 대신해 그 결정을 정부가 한다면 이는 여성을 자신의 선택에 책임을 지는 성인으로 인정하지 않는다는 의미일 뿐이다."

2015년 조지타운대학교 강연에서 "정원이 9명인 연방대법원 대법관 중 몇 명이 여성이라면 만족하겠냐는 질문을 받을 때가 있습니다. 내 대답은 늘 같습니다. '9명'입니다."라고 한 것은 어록으로 남았다.

OECD 회원국뿐만 아니라 전 세계에서 최하위권에 속하는 성차별적 조직문화, 즉 방탄유리천장이라고 부를 정도로 견고한 성별 격차가 한국에 존재한다면 당연히 모두가 이를 인식하고 개선하는 데 동의할 것 같지만 현실은 그렇지 않다. 남성뿐만 아니라 여성도 이러한 격차를 잘 모른다. 인식하지 못한 채 산다는 것이 더 정확한 표현일 것이다.

남성들은 일단 자신들이 안온하게 누리는 것들을 당연하다고 받아들일 수 있다. 그들은 늘 다수였고, 늘 주류였으며, 리더 경쟁마저 남성끼리 했다. 굳이 여성의 입장을 대변해 부당함을 인식하고 그 부당함을 줄이기 위해 노력할 필요를 느끼지 못한다.

당신은 어떤가? 현재 20~30대 여성들은 대부분 가정에서 성차별을 받지 않고 자란다. 오히려 부모에게 성장과 성공에 대한 열망을 가지라고 독려받는다. 또한 학창시절 남학생보다 뛰어난 학업성취를 자랑했다. 그런데 어느 순간 눈앞에 벽이 있는 것을 느낀다. 취업 전선에 뛰어들 때, 그리고 어렵게 취업해서 조직에 진입하는 때다. 여성들에게 취업문은 더 좁고, 여성들은 조직에 들어가면 심리적으로 더욱 위축되는 것을 느낀다. 그런데 그것이 무엇인지 깨닫는 데까지는 상당한 시간이 소요된다.

여성은 왜 조직에서 위축되는가

조직에서 여성이 위축될 때는 조직의 문화적 요소를 포함한 복합적인 요인이 작용한다.

첫째, 최고경영자를 비롯해 경영진, 임원이 대부분 남성이다.

조직에 진입한 후 2년쯤 지나면 여성들은 남성이 조직의 리더라는 사실을 자신도 모르게 당연하게 받아들인다. 자신이 조직에서 어느 정도의 위치까지 올라갈 수 있을지 가늠할 때 임원이나 경영진 수준까지 목표를 확장하기가 어려워진다.

둘째, 확고한 비혼주의가 아니라면 주로 자신의 생애주기를 염두에 두고 꿈을 적당한 선까지 축소하고 자신이 인식한 현실과 타협한다. 결혼 및 출산, 육아 등의 과정이 자신에게 자연스럽게 일어날 것이라고 생각하는 여성은 회사에서 리더가 되려는 야망보다 소박한 경력과 회사를 길고 가늘게 다니는 경로를 선택할 가능성이 높다. 힘들지만 유망한 업무와 가정을 병행하는 데 어려울 것으로 예상되는 자리에는 적극적으로 지원하지 않는다.

셋째, 여성 롤 모델을 찾기 어렵고, 이는 여성으로서 리더가 되는 것을 부정적으로 인식하게 한다. 20~30대 여성들이 이상적이라고 생각하는 롤 모델은 '자신의 성품을 바르게 유지하는 동시에 유능하고, 일과 개인생활의 균형도 잘 이루는 완성된 인격체'라고 한다. 그들은 자신도 그런 상사가 되고 싶어 한다. 그런데 소수의 여성 리더들이 보이는 모습은 '겉모습만 여성인 사내대장부' '가정은 내팽개친 일 중독자' '일과 가정생활을 성공적으로 해내는 완벽한 슈퍼우먼' 등이다. 도저히 자신은 해낼 수 있을 것 같지 않다. 그래서 어느 순간 그냥 포기하고 만다.

넷째, 리더가 되고 싶다는 야망을 가지는 것 자체에 사회적 압력을 느낀다. 야망을 드러내는 순간 남성들의 경쟁 상대가 될 수 있다는 압박을 느낀다. 여성은 겸손하고 타인을 배려하며 도울 때 칭찬받는다는 잠재된 성역할 정체성을 받아들이는 것이다. 그들은 결국 야망이 있지만 그것을 억압해야만 하는 여성들인 셈이다.

이렇게 자신의 야망을 숨기거나 억누르던 여성들이 어느 날 문득 깨닫는다. 무엇이 잘못된 걸까? 자신을 돌아보기도 하고 주변 환경을 분석해보기도 한다. 하지만 이렇게 문제를 희미하게 인식했다가도 바삐 돌아가는 일상 속에서 잊어버리거나 그냥 넘어가기도 한다.

자신의 문제를 해결할 수 있는 사람은 다른 누구도 아닌 자기 자신이다. 지금 자리 잡고 앉아서 당신이 일하는 조직의 구성원을 분석해보자. 임원은 모두 몇 명이며 여성의 비율은 얼마인가? 중간관리자, 사원까지 포함해 조직 내 여성의 비율은 얼마인가? 회사에 입사해 중간관리자 직급으로 승진하는 과정에서 여성은 몇 명이나 탈락하는가? 종이에 숫자를 써보면 그제야 실감할 수 있을 것이다. 당신이 일하는 조직의 문화가 다양성과 포용성을 어느 수준으로 실천하는지 분명히 볼 수 있다.

당신의 조직문화가 다양성을 존중하고 포용력 있는 문화인가 또는 양성평등성이 존재하는 문화인가 하는 질문에 답하는 중요한 측정 기준이 있다. 매우 단순하지만 정말 중요한 기준이다. 당신과 같은 여성 사원이 "저는 이 회사에서 임원이 되고 싶습니다"라는 포부가 있다면 그 조직은 이미 다양성과 포용성을 모두 존중하는 문화를 갖췄다는 의미다.

● 앞장서서 법을 바꾸는 언니들

○ 세계여성이사협회WCD: Women Corporate Directors는 이사회에서 활동하는 여성들로 구성된 비영리 국제기구다. 전 세계 60개국에 75개의 지부가 있다. 세계여성이사협회 한국지부WCD Korea는 2016년 8월. 세계에서 67번째로 설치됐으며 100여 명의 회원을 확보하고 있다. 이사회는 기업의 최고 의사결정기구로서 CEO를 비롯한 경영진의 경영활동을 지원하고 평가하는 동시에 전략적 방향성을 합심해서 결정한다. 이사회 구성원이 된다는 것은 조직의 가장 높은 수준의 의사결정에 참여한다는 의미다.

WCD Korea의 미션은 "여성의 이사회 참여를 확대하여 기업 성장과 사회발전에 기여한다"라는 것이고 이들은 미션 달성을 위해 많은 노력을 기울인다. 그중 대표적인 활동이 바로 자본시장법 개정이다. 2020년 1월 법안이 통과되었고. 이 법안으로 자산 2조 원 이상의 상장기업이 이사회를 하나의 성별로만 구성하지 못하게 됐다. 즉 남성으로만 이사회를 구성할 수 없고 최소한 1인 이상의 여성 이사가 포함되어야 한다는 의무조항이 추가됐다.

이 법안의 통과만으로 자산 2조 원 이상의 대기업에서 여성 사외이사를 확보하려고 노력하고 있으며 채 1년이 되기도 전에 여성 이사 비율이 약 6퍼센트 이상 확대되었다고 보도했다. 이 법안은 WCD Korea의 회원들이 국회를 수십 회 방문하면서 끈질기게 요구한 덕분에 통과될 수 있었다. 여성 이사들이 각각 개인으로만 존재했다면 이런 결과를 얻을 수 없었을 것이다. 하지만 여성 이사들이 조직을 이루고 자신들의 영향력을 최대한 발휘해 법안 개정까지 끌어냈으니 최소한 기업 내 여성 이사들의 수가 확대될 토대를 마련했다고 볼 수 있다. 법도 개정되고 이제 본격적이고 실질적인 변화가 일어나기를 기대한다.

노르웨이 사례를 참고하면 변화를 더욱 기대할 수 있다. 2021년 6월, 제주포럼에 참석한 프로데 솔베르그 노르웨이 대사는 "1990년대 초반부터 여성의 경제활동 참여 및 기업 이사 확대를 위해 총력을 기울였으나 일부 기업의 자발적 노력은 효과가 없었습니다. 결국 2003년 여성이사할당제 법안이 통과됐고 이후 기업들이 눈에 띄게 달라지는 것을 목격했습니다. 사회적 인식, 조직문화 등은 법이 바뀌면 따라서 변한다는 것도 확인했습니다"라며 경험담을 공유했다. 우리나라와 다른 것은 노르웨이 정부가 매우 적극적이었다는 점 그리고 남성 무역산업부 장관이 강력하게 추진했다는 점이다.

2. 조직의 현실, 제대로 알고 있나요

유리절벽과 유리경력

"기업이 원하는 '이상적 근로자'는 돌봄 부담이 없는 남성을
표준으로 합니다. 여성보다 남성이 자신을 이상적 근로자에
가깝다고 인식했으며 자신을 '이상적 근로자'라고 인식할수
록 승진 전망이 높았습니다."

연세대학교 사회학과 교수 김영미는 2018년 미래포럼 한
국 '30퍼센트 클럽' 세미나에서 "왜 여전히 유리천장은 견고
한가?"라는 질문에 대한 답으로 사례연구를 진행했고 결과를
이렇게 발표했다. 장시간 근로의 미덕이 조직에 확고하게 존
재하는 한 여성 직원이 조직에서 생존하기란 어렵다는 뜻이
다. 결혼, 출산, 육아 등 생애주기별 단계에서 중대한 고비가
있을 때마다 여성들은 조직에서 이탈한다.

"한국 기업의 독특한 문화와 특성이 있는데 그중 가장 심
각한 문제로 지적된 것이 바로 야근입니다. 장시간 근로할 수
있는 직원, 급할 때 언제나 회사로 뛰어올 수 있는 직원, 출장
을 지시하면 바로 짐을 싸서 출발할 수 있는 직원이 기업에서
원하는 인재고 심지어 조직에서 그들을 유능하고 충성심 있
다고 인정하는 분위기가 존재합니다."

대한상공회의소 기업문화팀 박준 팀장은 '한국기업의 기업문화와 조직건강도 진단'이라는 대규모 설문조사를 2차례 실시하고 결과를 이렇게 발표했다. 대한상공회의소는 2016년과 2018년에 매킨지와 함께 국내 100개 기업, 4만여 명의 근로자를 대상으로 기업문화를 진단했다.

이 조사에서 가장 심각한 문제로 꼽힌 것이 야근, 보고 방식, 회의, 여성 인재에 대한 차별 등이다. 야근을 강요하는 문화가 여성 인재에게 불리하게 작용한다는 분석도 나왔다. 실제 여성의 야근 일수는 주 5일 중 2.0일로 남성의 2.3일에 비해 낮은 수준이었다. 여성들은 일과 가정을 양립해야 하는 부담 때문에 야근에 소극적이고 이로 인해 상사에게 '충성심 없고 소극적'이라는 평가를 받는다.

기업 인사 담당자를 대상으로 조사하면 대부분 여성 인재를 차별하지 않는다고 답변한다. 왜 여성의 승진 비율이 낮은지 물어보면 "여성이 소극적이다"라고 답변하거나 "출산 및 육아 등으로 업무에 몰두하는 정도가 남성보다 낮기 때문이다"라고 답변한다.

특별히 여성을 차별하려는 의도로 말하는 것도 아니다. 다만 그들은 여성을 위한 육아휴직 등의 제도가 있는 것이 여성을 이미 배려하는 것이라고 생각한다. 따라서 여성의 승진이 남성에 비해 어려운 이유가 차별이 아니라 여성 개인의 선택에 있다는 인식이 강하다.

2020년 연말에 발표된 우리나라 주요 대기업의 임원 승진 기사들에서 가장 주목할 만한 트렌드는 '여성 임원 증가'다.

포스코는 창사 52년 만에 그룹 계열사를 통틀어 최초로 여성 사장을 배출했다. 삼성그룹은 2020년 8명의 신규 여성 임원을 포함해 총 13명의 여성 임원을 승진시켰다. 같은 해 LG그룹의 승진 임원 177명 가운데 8.5퍼센트가 여성이다. 이는 15명으로 역대 최대 규모로 여성 임원이 승진한 사례다. SK그룹은 전해와 같이 2020년에도 여성 임원으로 7명을 신규 임명해 그룹 전체에서 여성 임원은 34명에 이른다.

이런 소식이 뉴스거리가 되는 이유는 우리나라 기업에 여성 임원이 희소하기 때문이다. 우리나라도 이런 소식이 더는 뉴스가 되지 않는 날을 기대하지만 아직까지는 요원하다. 여성가족부가 2,124개 상장법인의 2020년 1분기 성별 임원 현황을 조사한 결과, 여성 임원 수는 남성 임원 수의 5퍼센트 수준이었다.

우리나라 기업에서 여성이 리더로 발돋움하려면 수많은 장벽을 넘어야 한다. 강렬한 승진 열망이 있는 여성도 이러한 장벽에 부딪히면서 실망하고 좌절하여 꿈을 접는다. 대체 어떤 장벽들이 기다리고 있을까?

유리천장Glass Ceiling은 눈에 보이지 않는 장벽을 의미한다. 이 장벽은 여성 또는 소수자들이 조직의 고위층으로 승진하는 데 방해요소로 작용한다. 이때 '유리'는 보이지는 않지만 조직 내에 분명히 존재하는 차별적 관행을 의미한다. '천장'은 여성이 더 높은 직위로 올라가는 통로가 닫혀 있음을 상징한다.

이 용어는 1986년 〈월스트리트저널〉에 실린 캐럴 하이모

비츠와 티머시 셸하르트의 기고문 제목으로 사용되면서 널리 알려졌다. 이들은 유리천장을 "사내 문서나 공개 석상에서는 비슷한 표현조차 언급되지 않지만, 회사의 최고경영진을 백인 남성으로만 구성하려고 존재해온 은밀하고 암묵적인 현상"이라고 소개했다.

겉으로 보이는 제도나 규정이 양성평등을 명시하고, 심지어 '여성 인재를 배려하는' 장치가 있기 때문에 우리 조직에는 남녀차별이 없다고 인식하는 임원이나 HR 담당자가 수두룩하다. 하지만 여성들은 실제 그 제도를 제대로 사용하지 못하거나, 사용하더라도 불이익을 감수해야 하는 게 현실이다. 출산휴가를 다녀온 여성은 인사평가에서 C를 받는 것이 당연하다고 여기는 문화가 그 예다. 이른바 '모성 페널티'라고 불린다.

전문가들은 유리천장은 인종에 상관없이 성별과 높은 관련성이 있다고 분석한다. 영국의 경제주간지 〈이코노미스트〉가 매년 OECD 회원국을 대상으로 발표하는 유리천장지수에서 한국은 2013년부터 2020년까지 8년 연속 29개국 중 최하위를 기록했다. 우리나라에는 방탄유리천장이 있는 것이다.

유리천장만 있는 것은 아니고 '유리벽Glass Wall'이란 용어도 있다. 유리천장이 수직적 상승, 즉 승진 자체를 방해하는 요소라면 유리벽은 핵심부서로 수평적 이동을 어렵게 만들어서 승진을 불리하게 한다.

기업에서 리더 직급으로 성장하는 인재들이 반드시 거쳐야 하는 요직의 부서들이 있다. 예를 들면 영업, 전략기획, 연구

개발, 오퍼레이션 등의 주요 업무를 수행해야 장차 리더 직급으로 성장하는 데 도움이 된다. 하지만 여성들은 커뮤니케이션 및 홍보, 마케팅, 인사 등의 지원 업무를 수행하는 경우가 많다. 지원 업무만 맡으면 조직의 최고위층으로 승진할 가능성이 낮아진다.

　여성은 유리벽에 부딪혀 기업의 핵심 업무를 경험하지 못하고 경쟁력 있는 경력 자본을 축적하기 힘들어진다. 여성에게 임금이 낮고 승진 가능성이 적은 직무를 주는 유리벽은 유리천장의 원인으로 지목되기도 한다.

　'유리절벽Glass Cliff'이란 개념도 있다. 조직이 위기에 처했을 때 여성을 리더로 임명하고 일이 실패하면 책임을 물어 해고하는 현상을 일컫는다. 유능하다고 인정받고 야망 있는 남성들은 위기에 처한 기업의 리더가 되는 것을 거부한다. 실제로 부도 위기에 처한 기업에서 '구원투수'로 여성 CEO를 임명하는 사례가 종종 있다. 제너럴모터스의 메리 배라, 제록스의 앤 멀케이, JC페니컴퍼니의 질 솔타우, 야후의 머리사 마이어 등이 쉽게 떠오른다. 15년 동안 〈포춘〉이 500대 기업을 대상으로 연구한 결과도 이 같은 경향을 뒷받침한다.

　우리나라는 유리절벽도 작동하지 않는다. 여성 CEO가 거의 없기 때문이다. 그룹 소유주 일가를 제외하면 상장기업 CEO 중 여성의 비율은 0.5퍼센트도 채 되지 않는다.

　여성 CEO를 선임한 기업은 유리절벽 덕분에 어느 것도 잃지 않는다. 여성 CEO가 실패해도 성차별이 없는 기업이라는 진보적인 이미지를 얻을 수 있고 상황이 나아진 이후에 다시 남성 CEO를 선임하면 그만이다.

　2004년 영국 엑서터대학교의 교수 미셸 라이언은 여성이 유리벽을 뚫고 유리천장을 깨고 고위직에 올랐을 때는 회사가 위기 상황이거나 실패 가능성이 높은 프로젝트를 진행해야 하는 상황일 수 있다고 주장했다. 라이언은 "남성보다 여성이 위험하고 불안정한 리더 자리에 지명될 가능성이 높은 경향성이 유리절벽이다"라고 명명했다.

　이화여자대학교 국제사무학과 교수 백지연은 여성이 노동시장에 처음 진입하려고 시도하는 순간부터 임금을 받는 순간까지 모든 단계에서 작용하는 구조적 불평등을 "유리경력 Glass Career 모델"로 제안했다. 유리경력 모델은 총 5단계로 나뉜다.

> ○ 1단계: 노동시장 진입을 위한 취업 시점에서 겪는 차별을 상징하는 '유리문'
> ○ 2단계: 핵심 부서에 배치받지 못하고 핵심 업무도 맡지 못하며 지원 부서로 배치받는 '유리벽'
> ○ 3단계: 업무 과정에서 승진 등에 필요한 핵심적 교육 훈련을 받지 못하는 '유리교실'
> ○ 4단계: 승진에서 성별을 이유로 탈락하는 '유리천장'
> ○ 5단계: 4단계의 결과물로서 또는 기존 편견으로 나타나는 임금 불평등을 상징하는 '유리계좌'

　그렇다면 '유리 엘리베이터'는 무엇일까? 여성이 주류인 업종에 남성이 종사하면 그 남성은 리더가 될 기회를 더 많이 가진다. 한마디로 남성만 엘리베이터를 타고 수직으로 상승한다는 의미다. 초등학교 교사직 등 교육 부문, 심리 상담, 콜센터 등의 영역에는 대부분 여성이 근무하지만 해당 조직의 리더는 대개 남성이다. 초등학교 교사 대부분이 여성이지만 교장, 교감은 대개 남성이듯 여성이 주류인 업종에서 소수인 남성은 오히려 기회를 더 받는 것이다.

여성이 리더가 된 후에는 '가시나무 침대Bed of Thorns'에 눕게 된다. 미국 조지타운대학교 교수 데버러 태넌은 "여성이 권위를 향해 가는 길은 험난하다. 목적지에 도달해도 그를 기다리는 것은 가시나무 침대"라고 말했다.

이 주제로 논문을 발표한 미국 예일대학교 교수 안드레아 바이얼은 "여성은 권력을 쥐어도 남성 부하 직원에게 존경받기는커녕 더 힘든 시간을 보내게 된다"고 말한다. 여성 리더가 자신의 역할에 타당성을 확보하지 못하면 남성 부하 직원은 부정적인 행동을 하거나 최소한의 협조만 한다. 이러한 부하 직원의 반응은 여성 리더가 불안정한 사고방식을 갖게 하고 이는 다시 부하 직원에게 부정적인 반응을 유발하게 된다. 이러한 악순환이 반복되는 것이 바로 여성 리더를 기다리는 가시나무 침대.

일하는 여성들이 부딪치는 장애물에 대해 나열하고 보니 당신이 더욱 주저하거나 좌절할까 염려되기도 한다. 우리가 이런 장애들을 언급하는 것은 현실을 정확하게 이해하자는 의미다. 장애물을 뛰어넘으려면 먼저 정확하게 파악하는 것이 필요하다. 노트에 차곡차곡 장애물 리스트를 만들어보자. 그리고 같은 생각을 하는 동료들과 이야기를 나누고 바꿀 수 있는 것부터 바꾸려고 노력해보는 것이다. 유리경력을 다이아몬드경력으로 만들어보자.

● 보이지 않는 여자들

○ 캐럴라인 크리아도 페레스는 저서 《보이지 않는 여자들》에서 '인간의 디폴트값이 남성이면 일어나는 일들'이라는 개념을 활용하여 실제 데이터를 통해 여성이 보이지 않게 되는 메커니즘을 보여준다.

표준 피아노 건반은 성인 여성 피아니스트의 87퍼센트에게 불리하다. 평균적인 남성의 손 크기에 맞게 설계됐기 때문이다. 자동차 사고를 당했을 때 여성이 중상을 입는 비율은 남성보다 47퍼센트 높고. 사망 확률은 17퍼센트 높다. 자동차 설계의 역사에서 여성의 신체적 요소가 고려된 적이 없기 때문이다.

스티브 잡스가 '한 손으로 잡기 좋은 크기'라며 스마트폰의 디자인을 자랑할 때 말한 '손'은 남성의 손을 의미했다. 해당 스마트폰은 여성 대부분의 손에는 큰 편이어서 사용하기 불편하다.

디폴트값이 남성이라는 점은 오래된 역사적 유산이다. 남성들이 악의적으로 그렇게 한 것도. 사회가 여성을 일부러 투명 인간으로 취급하려고 한 것도 아니다. 그저 오랫동안 '인간은 곧 남성'이었기 때문이다. 남성도 여성도 그것을 당연하게 받아들였을 뿐이다. 그래서 여성이 인구의 절반을 차지하지만 여전히 여성은 보이지 않는다.

페레스는 이를 '젠더 데이터 공백'이라고 부른다. 이 공백이 지속되는 한 여성은 계속 투명 인간으로 남는다. 여성이 이런 상황을 바꾸려고 노력하면서 남성의 협력까지 끌어내야 한다. 아무것도 하지 않아도 세상이 저절로 나아질 것이라는 낙관은 버려야 한다.

신입이 임원을 꿈꾸는 기업

"P&G는 기업이 경쟁력을 키우는 데 다양성과 포용성이 필수라고 판단하고 전략적 차원에서 조직을 수평적·포용적 분위기로 유지하려고 노력합니다. 덕분에 여성 신입사원이 임원이 되겠다는 포부를 밝힐 수 있었고 여성 임원의 비율이 46퍼센트에 이를 수 있었습니다. 이것은 여성에 대한 배려 차원의 노력이 아니고 모든 직원이 자신의 잠재력을 자유롭게 발휘할 수 있는 수평적 문화를 만들려는 노력의 일환입니다."

예현숙 P&G 상무가 2019년 한국양성평등교육진흥원 콘퍼런스에서 자사의 조직문화를 발표하면서 이렇게 설명했다. P&G는 1990년대부터 조직 내 다양성을 확립하려고 노력해왔다. 다양성이 조직에서 제대로 작동하려면 포용적 조직문화가 중요하다는 판단하에 '포용성'에도 관심과 노력을 쏟고있다. 1990년대에는 성별 다양성 확보에 초점을 맞추고 주력했다면 2000년대에는 가치, 배경, 인종 등 광범위하게 다양성을 증진하려고 노력했고 2010년대에는 이러한 다양성이 시너지 효과를 내도록 포용성을 구축하려고 노력 중이다.

오랜 경험과 노하우를 축적해서 공정한 업무평가 시스템을 구축하고 평가 과정에서 '성별'이나 '인종' 등의 비본질적 요소에 영향받을 여지를 줄였다. 직원의 능력을 개발하고 성장시키기 위한 투자를 지속적으로 하며 특히 출산, 육아 등 삶의 중요한 단계를 회사가 지원해 경력 단절이나 경력 포기가 발생하지 않게 했다. 특히 육아휴직은 여성만 사용하는 것이 아니라 남성(아빠)도 함께 사용하도록 장려했다. 야근을 없애고 유연근무제 및 집중근무제를 실시해 직원들이 일과 가정의 양립에 어려움이 없게 제도를 시행하고 있다. 육아휴직에서 복귀하는 비율 '100퍼센트'는 P&G에서 자랑스럽게 여기는 점이다.

P&G뿐만이 아니다. 글로벌 초일류 기업으로 오랫동안 승승장구해온 기업일수록 다양성과 포용성에 더 관심을 기울인다. IBM 역시 여성 인재 활용에 다양한 노력을 하는 대표적인 기업이다. 여성뿐만 아니라 일과 개인생활의 조화로운 양립을 원하는 모든 직원을 위해 유연근무제를 적극 도입하고, 워킹대디(일하는 아빠)를 위한 제도도 적극 시행 중이다.

필요할 때 언제든 휴가를 사용할 수 있는 자율적 휴가제도뿐만 아니라 시차출퇴근제, 시간제근무제, 재택근무제, 집중근무제, 모바일근무제 등 다양한 유연근무제도를 제공한다. 직장 내 어린이집을 신설하거나 가족의 날을 도입하고 가족 문제를 상담받을 수 있는 전문가 상담 프로그램도 시행하고 있다. 육아를 위한 유연근무 또는 자율휴가제 등의 사용이 여성뿐만 아니라 남성에게도 해당된다는 점이 IBM의 특징이다.

마이크로소프트 역시 다양성과 포용성 확보를 전략적으로

추진하는 회사다. 특히 현재 CEO인 사티아 나델라는 본인도 인도 출신으로 마이크로소프트 조직을 유연하고 포용력 있게 만들려고 노력했다. 사티아 나델라가 경영을 맡은 이후 마이크로소프트가 제2의 도약을 하며 높은 성과를 낸다는 사실은 잘 알려져 있다. 이런 영향으로 한국 마이크로소프트의 임원은 전원이 여성이다.

　한국 IBM, 한국 P&G 등 글로벌 기업의 여성 임원 비율은 40~50퍼센트에 이른다. 금융권 기업의 여성 임원 비율 현황도 비슷하다. 국내 시중은행의 여성 임원 비율과 비교하면 외국계 은행의 여성 임원 비율은 훨씬 높다. 예를 들면 SC제일은행 이사회에서 여성의 비율은 30퍼센트에 이르며 한국씨티은행의 행장은 여성이다.

　당신이 기억해야 할 점은 글로벌 기업이 여성 인재를 더 잘 육성하고 여성 리더를 더 많이 배출하는 이유가 여성을 배려해서가 아니라는 것이다. 글로벌 기업은 모든 인재가 각각 달라도 자신의 역량을 최대한 발휘하도록 기업 차원에서 노력한다. 여성 인재를 더 채용하는 것이 아니라 젠더에 상관없이 우수한 인재를 뽑는 것이다. 가정생활을 조화롭게 유지하게 돕는 '가정친화적 제도'는 여성에게만 해당되는 것이 아니다. 남성도 육아휴직을 자유롭게 사용하는 분위기를 조성해 직장생활과 가정생활을 조화롭게 병행하는 것이 여성만의 과제가 아니라는 공감대를 자연스럽게 형성한다.

　당신은 직장생활과 가정생활을 병행하는 어려움을 예상하고 회사에서의 경력 계획을 세울 때 조금이라도 망설이는가?

아예 '비혼'과 '비출산'을 결심하는가? 출산과 육아를 겪으면
서 주변 동료들의 부정적인 시선을 받은 적이 있는가? 육아
휴직을 끝내고 복귀했는데 사직서를 내고 싶다고 생각한 적
이 있는가? 이러한 질문은 당신 개인만의 문제가 아니다.

　지금 당장 당신이 일하는 조직의 문화를 점검해보자. 청첩
장을 돌릴 때 남성 사원과 여성 사원의 태도가 다른가? 육아
휴직 등 가정친화적 제도가 있지만 활용도가 떨어지는가? 육
아휴직 후 조직에 복귀하는 여성이 감수하는 불이익은 어떤
것인가? 육아휴직 후 복귀율은 어느 수준인가? 이런 질문을
통해 조직문화를 진단하고 사내 다른 여성 동료, 그리고 다른
기업의 친구들과 질문을 공유하고 함께 의논해보자. 지금이
라도 바꿀 수 있는 것이 있는가? 나의 영향력이 커지면 바꿀
수 있는 것들이 있는가? 내가 리더가 된다면 어떻게 바꿀 것
인가?

　다양성과 포용성을 추구하는 것이 결국 기업 성과에도 도움
이 된다는 사실을 수많은 다국적 기업 사례로 알 수 있다. 그
렇다면 당신이 조직문화를 바꾸려는 시도는 개인의 문제를 해
결하는 것뿐만 아니라 조직의 문제를 해결하는 데 도움이 된
다. 개인에게 부담을 지우는 문화가 잘못임을 분명히 인식한
다면 당신은 이제 쉽게 자책하거나 위축되거나 좌절하지 않을
것이다. 변해야 하는 것은 당신이 아니라 당신을 둘러싼 환경
이다. 당신이 바꿀 수 있는 요소들은 조금씩 바꿔가면서 주변
사람들을 같은 편으로 만들고, 당신의 영역을 확장하며 성장
하기를 바란다. 리더는 그렇게 탄생하고 자라기 때문이다.

● 한국 내 다국적 기업에 여성 임원이 많은 이유

○ 다국적 기업은 전 세계를 대상으로 비즈니스를 하면서 비교적 표준화된 보상체계와 인적관리제도를 가지고 있다. 따라서 다국적 기업일수록 남녀 간 임금격차가 적을 것이라고 기대할 수 있다. 그런데 최근 카디자 반 데르 스트라텐 등의 연구에서 다국적 기업이 진출하는 국가의 경제수준에 따라 임금격차 수준이 달라진다고 밝혔다.[7] 선진국에 진출하면 성별 기업의 임금격차가 적지만 개발도상국이나 저소득국가로 진출하면 오히려 국내 기업보다 성별 임금격차가 더 크게 나타나는 임금을 책정한다는 연구 결과가 나왔다.

이 연구 결과에 따르면 다국적 기업이 우리나라에 진출하면 우수한 여성 인재를 확보하게 될 가능성이 높다. 우리나라와 같이 남녀 간 임금격차가 크면서 경제발전 수준이 선진국 반열에 든 국가가 거의 없기 때문이다. 세계적으로 표준화된 임금체계를 우리나라에 적용하면 국내 기업보다 더 높은 임금을 여성에게 제공할 수 있다. 또한 여성 인재 육성제도가 국내 기업보다 훨씬 발달해서 여성에게는 '좋은 직장'으로 인식된다.

다국적 기업에 여성 인재들이 많이 채용됐고 결과적으로 거기서 성장한 여성들이 사회 각 분야에서 활발하게 활동하게 됐다. 1997년 12월 발생한 아시아 외환위기로 우리나라가 큰 어려움에 처했을 때 외국계 기업 출신 인재들이 남녀를 불문

하고 크게 조명된 적이 있었다. 외국인 투자자들이 한국으로 대거 몰려왔는데 영어에 능한 인재들이 많지 않았던 것이 주요 요인으로 작용했다. 이는 한국씨티은행 출신 여성 인재들이 금융권 전반에 배치되어 활동하는 계기가 됐고. 금융감독원에도 '최초의 여성 부원장보'를 배출하는 등 큰 진전이 있었다. 1970~1980년대 우수한 여성 인재들은 갈 곳이 많지 않았고, 외국계 기업이 여성 인재를 유입할 수 있는 거의 유일한 통로였다. 또한 결혼하고 출산해도 회사를 계속 다닐 수 있는 직장도 외국계 기업이었다.

삼성전자와 같은 국내 굴지의 대기업 여성 임원진에 다국적 기업 출신 비율이 꽤 높은 이유도 바로 여기에 있다. 여성에게 상대적으로 유리한 다국적 기업에서 성장한 여성들이 '경력직'으로 국내 대기업으로 이직하는 것이 여성 임원 배출의 중요한 경로가 되었다고 기업 분석 전문가 박주근 전 CEO스코어 대표는 분석한다. 하지만 그보다 삼성전자와 같은 국내 대기업이 나서서 여성 인재를 전략적으로 육성해 내부 승진으로 여성 임원 비율을 늘리는 사례를 많이 만드는 것이 바람직할 것이다.

다양성은 배려가 아닌 회사의 전략

"나는 알리바바가 빠르게 성장했던 숨은 비법은 여성 직원이 많았기 때문이라고 말하고 싶다. 알리바바의 창업인 중 35퍼센트가 여성이고, 임원 중 34퍼센트는 여성이며 직원 중 52퍼센트도 여성이다."

　알리바바의 창업자 마윈은 기회가 있을 때마다 여성 인재의 중요성을 강조했다. 사실 젠더 다양성을 중요하게 여기는 인물은 마윈뿐만이 아니다. 딜로이트 컨설팅 그룹이 매년 글로벌 기업 CEO를 대상으로 그들의 주요 전략적 방향을 조사하는 〈딜로이트 인사이트〉를 발표하는데, 2017년 조사에서 경영자의 78퍼센트가 "다양성과 포용성이 기업의 경쟁력이다"라고 응답했다.

　다양성과 관련한 논의가 나오면 많은 사람이 이를 '배려'라고 생각하는 경향이 있다. 여성들 중에도 양성평등 논의를 두고 "나는 그런 배려는 필요 없다"고 말하는 이가 적지 않다. 여성의 권익이나 양성평등을 이야기하면 "특혜를 달라" "배려해달라"고 요구하는 것처럼 바라보는 인식이 사회 전반에 깔려 있기 때문이다. 그래서 이번에는 다양성이 왜 배려가 아니고 '기업의 전략'인지 당신에게 설명하려 한다.

세계적인 컨설팅 그룹 매킨지앤드컴퍼니는 2015년부터 젠더 다양성에 대해 특별한 관심을 가지고 연구보고서를 발간하고 있다. 매킨지 보고서 〈다양성이 중요하다Diversity Matters〉는 세계 곳곳의 기업 현황을 광범위하게 다루면서 다양성이 기업의 성과로 이어지는 과정을 조사한 결과도 발표했다.

이 보고서에서 미국 기업은 경영진 임원 구성원의 성별, 인종 다양성이 10퍼센트 상승할 때마다 기업의 수익EBIT이 0.8퍼센트 올라갔고, 영국 기업의 경우 고위 임원 구성원에서 젠더 다양성이 10퍼센트 증가할 때마다 기업의 수익이 3.5퍼센트 올라갔다. 또한 2014년, 2017년, 2019년 기업 성과를 분석한 결과 젠더 다양성이 높은 기업이 낮은 기업보다 수익이 높을 가능성이 15퍼센트, 21퍼센트, 25퍼센트로 점점 상승했다. 즉 젠더 다양성이 수익으로 연결될 가능성이 매해 점점 상승하는 것을 알 수 있다.

크레디트스위스의 〈젠더 3000 보고서〉 역시 비슷한 결과를 보여준다. 크레디트스위스는 전 세계 56개국 3,000개 기업의 기업지배구조 및 의사결정팀의 젠더 다양성을 연구했다. 결과적으로 여성의 이사회 참여가 확대되고 고위 임원층 여성이 늘어날수록 기업의 성과가 개선된다는 것을 발견했다. 10퍼센트 이상의 여성 임원이 있는 기업이 남성 임원으로만 구성된 기업보다 실적이 4.1퍼센트 높았던 것이다.

실제로 많은 연구에서 조직의 다양성이 성과로 이어지는 이유를 제시한다. 알 수 없는 기준으로 지원자를 인위적으로 배제하지 않는다면 조직은 모든 '인재풀'을 활용할 수 있다. 여성이라서 '인재풀'에서 배제한다면 가장 우수한 인재를 채용하고 육성한다는 인사관리의 원칙에 어긋난다. 지원자의 배경, 종교, 인종, 가치관, 성별 등에 얽매이지 않고 폭넓게 인재를 채용한다면 당연히 더 우수한 인재를 뽑을 수 있을 것이다.

다양한 구성원은 다양한 고객의 수요를 제대로 파악할 수 있다. 고객의 변화에 맞춰 유연하게 대처할 수 있는 힘도 키우게 된다. 세계적인 경영학자 톰 피터스에 따르면 상품 구매 결정의 70퍼센트 이상은 여성이 내린다. 그런데 그런 소비자에게 상품을 판매하는 회사의 경영진이 남성으로만 구성되어 있다면 과연 시장을 정확하게 이해하고 시장의 변화에 유연하게 대응할 수 있을까?

획일적인 배경을 가진 구성원들은 생각도 비슷하기 때문에 최선의 의사결정을 내릴 수 없다. 결국 회사의 경영진이나 이사회가 다양한 구성원으로 이루어져 있다면 의사결정의 질이 향상될 수밖에 없다는 것이다. 조직구성원들이 나이, 성, 문화, 배경 등에 상관없이 자신의 역량을 최대한 발휘할 수 있는 포용적 조직문화가 조직성과에 긍정적인 영향을 미친다.

매킨지앤드컴퍼니는 2020년 보고서에서 코로나19 팬데믹 상황에서도 다양성은 여전히 조직의 성과에 긍정적 영향을 미친다고 밝혔다. 2008~2009년 금융위기 당시에도 이사회에 여성 이사가 있는 은행이 그렇지 않은 은행보다 더 안정적으로 위기를 넘겼던 것처럼 현재 팬데믹 위기에서도 여성이 경영하는 은행이 위기에 더 강한 것으로 조사됐다. 즉 다양성을 추구하는 기업이 환경의 변화에 더 유연하게 적응하고 회복 속도도 더 빠르다고 할 수 있다.

이렇게 젠더 다양성이 기업의 수익에 직접적인 영향을 준다는 사실이 인정받으면서 세계 투자시장에는 '젠더 캐피털리즘' 열풍이 일기 시작했다. 다시 말해 투자 및 자본의 흐름을 결정할 때 젠더 렌즈를 장착해야 한다는 것이다. 이 열풍을 따라 가장 확실하게 움직이는 분야는 '장기적이고 안정적인 수익을 원하는 연기금'이다.

"젠더 다양성을 갖춘 이사회를 구성하려고 노력하지 않는 기업에게 넛지Nudge(간접적 자극)나 푸시Push(직접적 요구)를 시행할 것입니다. 특히 이사회에 여성이 한 명도 없는 기업에는 '임원추천위원회 위원장'에 대해 선임 거부권을 행사하고, CEO 면담을 통해 개선 계획을 청취할 것입니다."

세계 최대 규모 연기금 캐나다연금투자위원회CPPIB: Canada Pension Plan Investment Board의 방침을 김수이 아시아태평양지역 대표가 이렇게 설명했다. 캐나다 연기금은 1999년 설립된 이후 운용자산만 4,560억 달러에 이르며 가장 수익률이 높은 연기금 중 하나다. 캐나다 연기금의 성공적인 투자전략에는 '기업 이사회의 젠더 다양성'이 포함된다. 이사회의 전문성, 독립성과 함께 '다양성' 확보를 전략적으로 추진하며 그중 젠더 다양성을 최우선으로 추구한다.

일본공적연금GPIF: Government Pension Investment Fund 역시 여성 인재의 중요성을 강조하고 여성 임원, 여성 이사가 있는 기업에 투자를 장려하는 방향으로 간다. 전 최고정보관리책임자CIO: Chief Information Officer 히로미치 미즈노는 2017년 한국 방문 당시 "연기금은 시장을 건강하게 하는 역할과 기업의 지속가능한 수익을 중요하게 여기기 때문에 젠더 다양성에 관심을 기울일 수밖에 없다"라고 밝힌 바 있다.

우리나라 연기금에 대해서는 언급하지 않겠다. 진선미 전 여성가족부 장관이 "여성의 경영 참여 확대를 제대로 실천하는 기업에 연기금을 우선으로 투자하겠다"라고 발표하자 비난이 쏟아졌다. 언론의 비판뿐만 아니라 남성들의 집중포화를 받았고 국민연금공단은 이에 대해 침묵했다. 세계적인 연기금은 젠더 다양성에 관심을 기울이고 그 기준대로 투자를 하는 상황이지만 우리나라는 외딴섬과 같이 젠더 이슈가 떠오르면 여론의 부정적인 반응이 따른다.

● 젠더 캐피털리즘의 확산

○ 자본주의 사회에서 강력한 영향력을 발휘하는 분야 중 하나가 바로 '자본시장'이다. 투자자들이 '투자처를 결정하는 시장', 즉 돈의 흐름을 결정하는 장이기 때문이다. 세계 자본시장의 큰 손들은 우리나라의 국민연금공단과 같은 공공 연기금 기관 및 블랙록과 같은 세계적인 자산운용기관을 포함한 기관 투자자들이다. 거대 투자자들이 투자처를 결정하는 프로세스에 젠더

렌즈를 장착하기 시작했다.

자본의 흐름을 젠더 렌즈를 통해 살펴본다는 의미는 모든 투자 결정. 즉 실리콘밸리에서 방글라데시 농촌에 이르기까지 여성에게 동등한 투자 기회를 제공하려고 노력하는 것이다. 세계에서 가장 활발하게 투자가 이루어지는 실리콘밸리에서 실제 여성이 받는 벤처투자 자금은 전체의 6퍼센트에 불과하다. 자본 투자처를 결정할 때 벤처투자자들은 "남성 창업자에게는 '성공 전망'을 묻고, 여성 창업자에게는 '실패 위험에 대한 대비책'을 묻는다"는 연구 결과가 있다.

조직에서 젠더 다양성이란 최고경영층부터 말단 직원까지 조직에 속한 모든 여성에게 동등한 기회와 공정한 보상을 주도록 노력하는 것이다. 여성의 삶의 질을 향상하는 데 도움이 되는 제품이나 서비스를 만들기 위해 노력하는 것도 포함된다. 예를 들면 여성 체형에 맞는 자동차가 생산되도록 고려하는 것이다.

미국에서 출범한 젠더 캐피털리즘 실천기구인 '성평등전략 Women and Girls Equality Strategy'이라는 사모펀드는 여성에게 공정한 기회를 주기 위해 노력하면서 투자를 결정한다. 이 펀드의 수익률은 S&P1500기업보다 3.6퍼센트포인트 높은 성과를 보고한다. 코카콜라와 같은 기업은 'Coca Cola 5by20'이라는 장기 대형 프로젝트를 추진했다. 2020년까지 코카콜라 기업의 납품업체 직원. 소매업자. 생산자 등에 해당하는 500만 명의 여성이 경제활동에 참여해 독립적인 생계를 꾸리도록 돕는 것이 목표였다. 여성의 경제적 자립이야말로 여성이 가지는 가장 큰 힘이라는 취지에서 출발했다. 코카콜라는 2020년 600만 명의 여성이 다양한 역할을 하며 경제적 자립을 하도록 도와서 목표를 초과 달성했다.

한국에는 '우먼펀드'가 2019년 출범했다. 존 리 메리츠자산운용 대표, 류영재 서스틴베스트 대표 그리고 WCD Korea가 공동으로 제작한 젠더 캐피털리즘 상품이다. 여성 직원 비율, 여성 관리자 비율, 여성 임원 비율, 양성평등 제도 정착 여부 등 여성이 일하기 적합한 기업을 선정하고 투자대상그룹을 만든다. 우먼펀드의 수익률이 안정적이라는 점은 여기서 확실하게 말할 수 있다. 존 리는 최근 딸을 둔 아빠들의 펀드 가입이 늘고 있다고 밝혔다. 하지만 우먼펀드를 직접 구매해야 하는 고객은 바로 여성들 자신일 것이다.

알파걸은 저절로 임원이 되지 않는다

기업의 최고경영진에 여성 임원이 희소하다는 점은 세계적인 현상이다. 아니, 현상이었다. 현실은 더는 그렇지 않다. 스웨덴, 아이슬란드 등 북유럽 국가들은 리더 중 여성의 비율이 절반에 육박하기 때문이다. 프랑스 등 다른 유럽 국가들도 정도의 차이는 있지만 이사회 구성원 중 여성의 비율이 30퍼센트를 넘어서고 있다. 이렇게 앞서가는 국가들은 기업 내 여성 리더의 비율이 40~50퍼센트를 차지한다. 이 나라들의 특징은 '여성이사할당제'를 시행한다는 점이다.

　이쯤에서 간단하게 이사라는 직책에 대해 들여다보자. 우리나라에서 흔히 '이사'로 부르는 직책과 이사회 구성원으로서의 이사라는 직책은 다르다. 여성이사할당제와 같은 제도나 법규에서 의미하는 '이사'는 '이사회 구성원'이다. 이사회는 경영진을 지원하면서 동시에 견제하고 조직의 전략적 방향성을 결정하는 최고의사결정기구다. '등기이사'라는 표현을 사용하기도 한다. 이사회 구성원은 회사의 경영진인 '사내이사'와 외부에서 초빙하는 '사외이사'로 나뉜다. 이사회는 가장 막강한 권력과 의무를 가지는 기구여서 여기에 여성을 위한 자리를 정해진 비율대로 할당하라고 법적으로 의무화하는 것은 의미가 크다.

'여성이사할당제'를 시행하는 이유는 무엇인가. 스웨덴을 비롯한 유럽 국가들은 여성 인재를 고위 직급으로 승진시키는 것이 여성 인력 활용에 매우 중요하다고 인식하고 꾸준히 노력해왔다. 1990년대부터 여성의 경제활동을 확대하기 위해 여성의 경영 참여를 추진했지만 성과가 없었다. 기업 경영진은 '노력하고 있다'고 꾸준히 보고했지만 실제 변화는 더디게 진행됐다. 기다리다 지친 스웨덴 정부는 '여성이사할당제'를 도입하기로 결정했다.

유럽연합EU 집행부의 상황도 비슷했다. 자연스럽게 변화하기를 기다렸더니 변화가 거의 일어나지 않았던 것이다. 그래서 2012년 EU의회는 여성 이사를 2015년까지 30퍼센트 이상, 2020년까지 40퍼센트 이상 확대하도록 하는 법적 의무화 조치를 단행했다. 나라마다 수준은 다르지만 유럽 국가는 모두 이 제도를 도입하고 있다. 가장 도입이 늦었다고 평가받는 독일도 최근 강력한 여성이사할당제 법안을 통과시켰다.

기업의 자율성을 가장 중요시하는 국가인 미국도 강력한 법안을 시행하기 시작했다. 캘리포니아주는 "캘리포니아에 본사를 둔 기업은 이사회에서 회사 규모에 맞게 여성 이사진을 확보해야 한다"라는 법안을 시행 중이다. 이제 이사회 규모가 3명 이상이면 1명 이상, 5명 이상이면 2명 이상의 여성 이사를 확보하지 않으면 막대한 벌금을 내야 한다.

왜 할당제를 시행해야 할까? 알파걸은 저절로 임원이 되지 않기 때문이다. 국내 대기업의 사례를 보면 롯데그룹이 우리 나라에서 독특한 사례에 속한다. 2005년 신동빈 부회장은 인사 담당자에게 질문했다. "왜 임원 승진자 중 여성이 한 명도 없느냐"라고. 그 후 "여성 임원 승진자 목록을 만들어보라"고 지시했다.

"그 순간을 잊을 수가 없습니다. 등에서 식은땀이 흐르고 머리가 하얘지는 느낌이었어요. 여성 임원 후보는커녕 여성 부장도 한 명도 없는데 어떻게 임원 승진자를 만듭니까. 그런 생각을 단 한 번도 해본 적이 없는데 갑자기 그룹 부회장에게 불같은 명령을 받으니 눈앞이 캄캄할 수밖에요."

전영민 롯데그룹 인재개발원장의 회상이다. 그룹 부회장의 강력한 지시 이후 그룹 인사팀이 전력으로 노력한 지 15년 만에 최초의 여성 CEO가 등장했다. 당시 규모가 다소 작고 실적이 부진한 회사였다는 배경과 한계는 일단 배제한다. 그룹 부회장이 강한 의지로 구체적인 진척 과정을 챙기고, 인사팀이 전력을 다해도 여성 CEO가 등장하는 데 15년이 걸렸다.

"여성 직원 한 명 더 뽑으면 다양성이 확대되는 줄 아십니까? 아닙니다. 그동안 여성 인력이 없었던 곳에 강제로라도 여성을 배치하면 그때부터 온갖 갈등과 문제가 생깁니다. 그 기업에 배치된 여성은 그만두겠다고 하고, 기존 남성 직원들은 너무 불편하다고 하고, 양쪽 다 불만을 토로합니다. 여성 인재가 능력을 최대한 발휘할 수 있는 조직문화의 기반이 없는데 여성 인재를 뽑는 것은 곧 갈등과 문제의 시작입니다. 그래서 저절로 이루어지는 경우는 없습니다."

전영민 원장의 경험담은 많은 것을 함축한다. 당신도 이런 말을 자주 들었을 것이다. "여성 인재를 육성해보려고 채용 비율을 확대했는데 다들 못 버티고 그만두더라" "어떻게든 리더로 키우려 해도 여성들이 회사를 떠나는데 우리가 무슨 수로 여성 리더를 키우냐" 이런 발언을 하는 사람들은 조직문화는 그대로 둔 채 여성만 더 채용하면 다양성이 저절로 이루어진다고 믿는다. 못 견디고 나가는 여성 개인의 문제로 치부해버리면 간단하겠지만, 이러면 다양성을 조성해야 하는 과제는 '해결할 수 없는 문제'가 되어버린다.

다양성보다 선행되어야 할 포용성

다양성보다 먼저 포용성이 조직에 자리 잡지 않는다면 아무리 우수한 여성이 입사해도 결국 이탈할 확률이 높다. 그래서 포용성을 더 앞세워 '포용성 및 다양성'으로 표현해야 한다는 주장도 있다. 당신이 회사에서 '여성이기 때문에' 소외감이나 차별을 느낀다면 당신이 속한 조직에 포용적 문화가 정착하지 못했다고 볼 수 있다.

"육아휴직을 자유롭게 쓸 수 있도록 노력했는데 또 다른 문제가 생겼습니다. 육아휴직을 쓴 여성 사원들의 복귀율이 너무 낮은 것입니다. 그러니까 다시 많은 남성 임원들이 부정적인 견해를 내비쳤습니다. 저도 고민이 많았죠. 일단 원인을 파악해야겠다고 생각했습니다. 육아휴직 중이거나 육아휴직에서 복귀한 여성 사원들에게 설문조사를 실시했더니 원인이 파악되더라고요.

회사에 돌아가서 잘할 수 있을까 두렵다는 겁니다. 동료들보다 업무능력이 떨어지지 않을까, 게다가 복귀한 해에는 무조건 인사고과를 낮게 받는데 다시 따라잡을 수 있을까, 육아휴직을 부정적으로 보는 동료들의 시선도 불편하지 않을까 등등 두려움이 상당하더라고요. 더구나 아이를 두고 나오려니 발걸음이 안 떨어지는 거죠. 그래서 두려움을 없애는 조치를 취했습니다.

업무복귀 100일 전부터 매일 일지를 쓰면서 복귀를 준비하도록 했습니다. 복귀 후 하고 싶은 업무를 파악하고 그 업무에 대한 준비를 하도록 지원했습니다. 그리고 육아휴직에 대한 인식을 바꾸려고 남성 사원들에게 의무적으로 한 달간 육아휴직을 가게 했습니다. 이후 분위기가 많이 달라졌죠."

전영민 원장이 육아휴직에 대해 말하는 내용만 봐도 인식의 전환, 조직문화의 변화가 얼마나 어려운지 알 수 있다. 금융권에 근무하는 E과장은 개인적으로 출산휴가 및 육아휴직의 공백을 최소화하려고 노력했다. E과장은 육아휴직을 시작하면서 다이어리를 준비했다. 육아일기와는 별개로 경력복귀 일기를 매일 다이어리에 작성했다. 하루에 한 번 회사 이메일을 체크하고, 회사의 동향을 파악했다. 회사 이메일은 내 주변 사무실의 업무가 어떻게 돌아가고 있는지 확인하는 좋은 방편이었다. 회사의 동향을 파악하려고 신문 기사, 금융감독기관 보도자료 등을 확인했다. 그리고 가끔 아이디어가 떠오르면 선배 또는 동료에게 이메일을 보내 업무적 관계를 조성했다.

꾸준히 이런 노력을 하다 보니 복귀할 때는 오히려 전보다 더 자신감이 생겼다. 매일 반복되는 업무에 몰입한 동료들이 못 보는 큰 그림을 보는 것에 익숙해졌고, 자신이 복귀하면 어떤 업무를 어떻게 해야겠다는 계획도 세울 수 있었다. 그리고 이메일을 꾸준히 주고받은 덕분에 동료, 선배들도 E과장을 반갑게 맞아주었다.

회사에 아직 포용적 문화가 정착하지 않았다면 개인적으로 할 수 있는 일을 찾아서 노력해보자. 쉽게 포기하거나 좌절하지 말고 주변에 비슷한 경험을 한 여성 선배들을 찾아서 커피라도 한 잔 대접하며 경험담을 들어보자. 고개를 푹 숙이고 나의 일, 나의 상황에만 빠지지 말고 고개를 번쩍 들고 주변을 둘러보면 조직 안팎에서 당신에게 경험담을 들려주고 손을 내밀어주고 어깨를 다독여주는 '동지'들을 만나게 될 것이다.

● 성별 다양성을 확보하기 위한 비율, 30퍼센트

○ 세계적인 성 다양성 추진 비영리기구인 '우먼온보드Women on Board 30퍼센트 클럽'은 2019년 10월 크게 축하할 소식이 있음을 언급하며 성명을 냈다. 영국의 주식거래지수인 FTSE 350 지수Financial Times Stock Exchange 350 Index 기준으로 이사

회에서 여성 인원 비율이 30퍼센트를 넘었다는 소식 때문이었다. 이는 런던증권거래소가 생긴 지 450년 만의 일이다. '30퍼센트 클럽'은 2010년에 발족되었고 카탈리스트와 같은 비영리 기구와 연대해 여성 이사 비율 30퍼센트를 달성하려고 노력해왔다.

그렇다면 왜 기준이 30퍼센트인가. 다양성을 추구하는 관련 기관이나 정부의 목표는 언제나 '30퍼센트'였다. 성별 다양성을 추구하기 위해 여성 이사를 확대하려는 노력이 실제 성과로 이어지려면 양적으로도 30퍼센트는 충족돼야 한다는 것이다. 연구에 따르면 다양성의 효과가 제대로 나타나려면 그 비율이 30퍼센트에 이르러야 한다. 결정적 수량Critical Mass에 도달하지 않으면 여성이 목소리를 내기 어렵고 이는 다양성의 효과를 제대로 내지 못하게 한다.

'3명의 힘The Power of Three'이라는 용어가 있다. 10명의 사람 중 여성이 한 명이면 '토큰(구색 갖추기)'이 되고. 2명이면 '존재감'이 생기고. 3명이면 '목소리'가 된다는 말이다.

PwCPricewaterhouse Coopers 컨설팅사의 인사이트 리포트. MSCIMorgan Stanley Capital International 보고서. 그 외 다수의 연구에서도 성별 다양성의 효과가 조직성과로 연결되려면 조직 내 여성 비율을 30퍼센트 이상 확보해야 한다고 보고한다.

남성이 다수인 조직에서 극소수인 여성 임원이 실수하면 "여자를 임원 자리에 앉히니 이런 일이 생긴다"라는 비난을 한다. 남성 임원이 실수했을 때 "남자를 임원 자리에 앉히니 이런 일이 생긴다"라는 비난은 거의 나오지 않는다. 여성의 수가 적을수록 이런 비난에 노출될 가능성이 높다.

'여자'라서 실수하는 것이 아니라 '김○○'라는 개인이 인간으로서 실수하는 것이다. 이러한 인식이 조직에 자리 잡을 때까지 '30퍼센트 룰'을 지속적으로 추구하고 유지해야 한다.

저는 원래
리더감이 아니에요

몇 달 전 예상치 못하게 팀장으로 승진했습니다. 저희 팀장이 다른 회사로 이직하면서 팀 내 두 번째 위치인 저를 회사에서 팀장으로 임명한 것입니다.

등 떠밀려 팀장이 되고 보니 걱정이 많습니다. 주변에서는 '지금까지 잘 해오지 않았냐. 앞으로도 잘 해낼 거다'라고 하지만 저는 사실 리더가 될 정도로 실력이 출중한 사람은 아니거든요. 제가 이룬 성과는 운이 좋아서 나온 결과였어요.

이렇게 준비되지 않은 상태에서 팀장 역할을 하다 보면 분명 실수를 할 테고 그러면 제 실력이 탄로날까 봐 너무 불안하고 두렵습니다. 저는 어떻게 하면 좋을까요?

- 팀장 자리를 환불하고 싶은 F차장

F차장님, 고민이 많으시군요. F차장님의 고민이 생생하게 느껴지네요. 배우 김혜수 씨를 아시지요? 열여섯이라는 이른 나이에 데뷔해 현재도 '최고의 배우' 자리를 지키고 있는 분이지요. 김혜수 씨는 몇 년 전 TV 프로그램에 출연해 이렇게 말했습니다.

"배우는 축복받은 직업이라고 생각해요. 해가 지날수록 배우는 것이 많아요. 하지만 아직 이 직업이 천직이라는 생각은 감히 못하고 있어요. 반대로 '어떻게 지금까지 했지?'라는 생각은 했어요. 수십 년을 배우로 살아왔지만 저는 자격이 없는 것 같다는 생각도 조금 해봤어요."

김혜수 씨 같은 명배우가 이런 말을 하다니 의외지요? 사람들은 이런 태도를 보이는 그가 겸손하다고 치켜세우지만 이야기를 들으면서 그가 '가면증후군Imposter Syndrome'을 겪는 것은 아닐까 걱정이 들었습니다. 미국 아카데미 시상식에서 봉준호 감독의 통역사로 유명세를 치른 샤론 최도 "가면증후군과 싸웠고 대중에게 사랑받는 인물의 말을 잘못 전달할 수 있다는 불안감과 싸웠다"라고 고백했습니다.

가면증후군은 1978년 심리학자 폴린 클랜스와 수잔 임스가 정립한 개념입니다. 'Imposter'의 사전적 의미는 '사기꾼'입니다. 즉 가면증후군은 자신이 거짓으로 꾸민 가면 뒤에 숨어서 사람들을 속이는 사기꾼 같다고 여기는 심리를 의미합니다. 가면증후군에 걸리면 사람들은 이런 식으로 생각합니다.[8]

o 내게 소중한 사람들이 내가 실제로는 기대한 만큼 유
  능하지 못하다는 사실을 알아차릴까 봐 겁난다.
o 때로 실은 평가가 잘못됐기 때문에 내가 직장에서 성
  공한 것은 아닐까 생각한다.
o 주변 사람들에게 어떤 일을 잘한다고 인정받은 뒤에도
  계속해서 그 일을 잘하진 못할 거라는 생각이 든다.
o 자주 주변 사람들의 능력과 내 능력을 비교하고 그들
  이 나보다 훨씬 똑똑하다고 생각한다.
o 어떤 일로 칭찬받고 인정받을 때에도 내가 한 일의 중
  요성을 깎아내리고 겸손하게 반응하려는 경향이 있다.

어떤가요? 혹시 F차장님의 속마음도 비슷한가요? 클랜스
와 임스는 이런 현상이 남성보다 여성에게 더 자주, 더 심각
한 수준으로 나타난다고 보고했습니다. 여성은 남성보다 어
떤 일을 성공적으로 수행해내는 자신의 능력에 대한 기대치
가 낮습니다. 여성은 성공의 원인을 운이나 노력 때문이라고
여기지만 남성은 자신의 능력 덕이라고 생각하지요.
　가면증후군의 증상으로는 불안, 자신감 부족, 우울증, 자신
이 정한 성취 기준에 이르지 못할 거라는 좌절감 등이 있습니
다. 똑똑하고 훌륭한 여성들이 왜 가면증후군을 겪을까요?
　클랜스와 임스는 성장 과정에서 미친 가족의 영향과 사회
에 고착된 성역할 고정관념을 수용한 영향을 원인으로 제시
했습니다. 형제자매 가운데 여러 분야에서 탁월한 사람이 있
으면 '나는 결코 저렇게 하지 못해'라는 좌절감을 반복해서

학습할 수 있습니다. 또한 가족들이 모든 면에서 완벽하기를 기대하면 그 기대에 부응해야 한다는 부담을 느낍니다. 결국 성장 과정의 마지막 사회화 단계에서 여성은 남성보다 유능하지 않다는 사회적 관점을 수용합니다. 가면증후군을 겪는 여성은 스스로 부족하다고 느끼고 지나치게 성실하거나 근면한 모습을 보이곤 합니다. 또한 자신의 친근함과 매력, 외모 등을 어필하려고 애씁니다.

그렇다면 배우 김혜수 씨와 F차장님 같은 유능한 여성을 괴롭히는 가면증후군은 어떻게 극복해야 할까요?《전망 좋은 자리를 요구하라: 간호사를 위한 경영진 리더십 레슨Claiming the Corner Office: Executive Leadership Lessons for Nurses》(2013)의 저자인 테레스 피츠패트릭과 코니 쿠란은 다음의 3가지 처방을 내립니다.

○ 인정하라: 가면증후군을 극복하는 가장 훌륭한 도구는 불안감을 수용하는 것이다. 가면증후군은 사람들이 흔히 겪는 증상이며 당신이 느끼는 감정은 지극히 정상이다. 자신에게 가면증후군이 있다고 자각하기만 해도 가면증후군의 위력이 약화될 수 있다.

○ 지원군을 만들라: 인간에게는 타인의 지지가 필요하다. 자신을 믿어주는 동료와 선후배, 친구, 가족을 지원군으로 만들라. 멘토를 두는 것도 좋다. 이들이 자신에 대한 불신과 회의를 경감해주면 당신이 얼마나 능력이 있는지 깨달을 것이다.

○ 성공과 실패를 기록하라: 가면증후군을 겪는 사람들은 자신의 성공은 행운 덕분이며 실패는 자신의 무능 탓이라고 생각한다. 하지만 성공과 실패를 결정짓는 스스로의 행동과 상황을 기록하다 보면 자신이 성공한 것이 운이 아니라 노력 때문인 것을 깨닫고 성공을 정당한 대가로 여길 것이다.

F차장님, 제 글이 조금이나마 도움이 됐나요? 제가 한 가지 말하지 않은 게 있어요. 배우 김혜수 씨는 인터뷰를 마치며 이렇게 말했습니다. "배우가 천직임을 믿기까지 저의 여정을 멈추지 않겠습니다."

저는 F차장님이 배우 김혜수 씨처럼 자신의 능력을 확인하고 더 성장할 수 있는 도전을 계속하기를 바랍니다. 팀장 자리를 '환불'하지 마시고 가면증후군에게 빼앗긴 자신감을 돌려받으세요. 가수 그룹 환불원정대가 〈DON'T TOUCH ME〉에서 이렇게 부르잖아요. "남들 신경 쓰지 마. Never, never. 누가 뭐래도 멈추지 마!" 마음속의 의심하는 목소리를 듣지 마세요. 때때로 좌절하겠지만 자신을 믿고 도전하세요. 어느 순간 당당하고 자신감 넘치는 내가 되어 있을 겁니다.

3

내가 원하는
리더십은 무엇일까

성취와 안정 중에서

미국 컬럼비아대학교 교수 토리 히긴스는 20년 넘게 인간
의 동기를 연구해온 심리학자다. 그가 정립한 조절초점이
론Regulatory Focus Theory에 따르면 인간은 2부류로 나뉜다.
이기려고 게임을 하는 '성취지향형Promotion Focus'과 지지 않
으려고 게임을 하는 '안정지향형Prevention Focus'이다.[9]

　성취지향형은 세상을 낙관적으로 보고 자신이 전보다 더
나아지기를 꿈꾼다. 이 부류는 일처리가 빠르고 긍정적인 피
드백을 받으면 활력이 돈다. 반면 안정지향형은 돌다리도 두
드리며 건너고 매사에 실패하지 않으려고 애쓴다. 이들은 칭
찬을 거북해하고 걱정이 많으며 불안에 자주 휩싸인다.

　그렇다면 여성 중에는 성취지향형이 많을까, 안정지향형
이 많을까? 아직까지 이 질문에 대한 답은 명확하게 밝혀지
지 않았지만, 몇몇 연구에서 국가마다 차이가 있다는 결과가
나왔다. 컬럼비아대학교 동기과학센터에서 다양한 국적의 사
람들을 대상으로 연구한 결과를 보면, 미국인은 조사 대상자
의 65퍼센트 정도가 성취지향형이었고 이탈리아인이나 스페
인인의 경우는 성취지향형의 비율이 70퍼센트까지 올라갔다.

3. 내가 원하는 리더십은 무엇일까

반면 한국인, 일본인, 중국인은 조사 대상자의 65퍼센트 정도
가 안정지향형이었다.

이는 각 사회가 도전을 어떻게 바라보는지와 밀접한 관련
이 있다. 미국은 '아메리칸 드림'을 꿈꾸는 이민자들로 구성
된 사회라는 특성 때문에 도전과 성취를 장려한다. 하지만 한
국, 일본, 중국과 같이 유교의 영향을 받은 사회에서는 안분
지족과 겸손을 미덕으로 여기고 이를 장려한다. "사회가 도전
을 어떻게 바라보는가"라는 시각이 이처럼 성향 형성에 영향
을 미친다면, "한국 사회는 남성과 여성 중 누구에게 도전을
장려하는가?"라는 질문을 던졌을 때 과연 어떤 답을 얻을 수
있을까? 어쩌면 이 질문은 여성의 지향성에 대한 답을 구하
는 계기를 마련해줄지도 모른다.

한국 사회에서는 대개 여성이 안정지향적이라고 생각한다.
아닌 게 아니라 커리어 코치로 활동하면서 현장에서 만난 직
장인들 중에는 안정지향적인 여성이 많았다.

중견기업에서 일하는 G씨는 쉰을 바라보는 나이에 아직도
직급이 과장이다. G씨는 자신에게 승진은 별로 중요하지 않다
고 말한다. 승진 시즌마다 자신은 아직 준비가 되지 않았다는
생각이 들어 승진에 도전하는 동료들에게 기회를 기꺼이 양보
했다. 그러다 보니 어느덧 후배가 하나둘씩 진급해 그들을 상
사로 모셔야 하는 상황에 이르렀다. 요즘은 그런 후배들을 보
면 "나는 지금까지 뭘 했나" 하는 자괴감이 든다고 토로한다.

대기업에서 일하는 H씨는 15년 넘게 같은 팀에서 동일한
업무를 맡고 있다. H씨는 자기 업무에서만큼은 사내에서 자

신이 가장 능숙하다는 사실에 강한 자부심을 느낀다. 하지만 한곳에만 머무르며 새로운 도전은 하지 않았던 탓에 경력의 확장이나 심화가 전혀 이루어지지 못했다. 그러다 보니 이제 어느 부서에서도 반기지 않는 사람이 됐다.

성별 차이가 아니라 경험 차이

사회심리학자 로이 바우마이스터는 남녀의 차이를 사회진화학적으로 해석한다. 그는 자신의 저서 《소모되는 남자》에서 "남녀의 능력 자체는 비슷하지만 그들의 동기와 열망에서는 차이가 있다"고 주장한다. 과거부터 남성은 경쟁하고 분투하고 위험을 감수하며 경쟁자들을 물리치며 살아왔지만, 여성은 일대일 관계에서 친밀성을 더 중요시했다. 생존과 번식을 위해서 남녀가 서로 다른 것을 중시했다는 의미다.

　선사시대로 거슬러 올라가면, 여성은 일생 동안 평균적으로 직접 기르고 보살피는 자식을 최소 하나 이상 두는 반면 남성은 그런 자식이 하나도 없는 경우가 많았다. 자신의 씨앗을 하나라도 남기려면, 남성은 가정을 꾸리고 정착하기보다 도전적이고 모험적인 입장을 취할 수밖에 없었다. 이런 이유로 오늘날 우리가 안전을 우선시하는 여성과 위험을 감수하는 남성의 후손이 됐다고 바우마이스터는 설명한다. 결국 남성은 성취지향적이고 여성은 안정지향적이라는 것이다.

　여성은 성취와 안정 중에서 무엇을 더 원할까? 이 질문에 대한 답을 찾는 한편 조절초점 성향에 남녀 간 차이가 있다면 무엇이 그 차이를 만들어내는지 알고 싶었다. 그래서 직장인 333명을 대상으로 설문을 진행했다. 그 설문 결과를 분석해보니 남성이 여성보다 더 성취지향적인 것으로 나타났다. 역시 사회적 기대가 이 결과에도 그대로 투영된 것인가? 또 앞서 소개한 사회진화학적 통찰은 맞는 것인가? 그렇다면 여성은 남성보다 더 안정지향적인가? 하지만 안정지향성에서는 남녀 차이가 발견되지 않았다.[10] 따라서 이렇게 결론을 내려볼 수 있다. "남성은 여성보다 더 성취지향적이지만, 여성이 남성보다 더 안정지향적인 것은 아니다."

그렇다면 성취지향성에서 남녀의 차이는 왜 발생하는 것일까? 그것은 남성이 여성보다 나이가 많고 직급이 높고 경력이 길기 때문이다. 말하자면 성취지향성의 남녀 차이는 '성별 차이'가 아니라 '경험 차이'에서 발생하는 것이다.

여성도 남성 못지않게 성취를 원한다. 여성이 남성보다 성취지향성이 떨어지는 것은 성취를 원하지 않아서가 아니라 성취보다는 안정이 중요하다고 배웠고, 남성과 비교했을 때 성취 경험이 부족하기 때문이다. 사회진화학적 해석이 그럴듯하게 들리지만, 인간은 사회 양상에 따라 진화하는 존재이기에 사회가 변한다면 여성의 성취지향성 또한 달라질 것이다.

그렇다면 어떻게 해야 할까? 두말할 나위 없이 더 많은 도전을 하며 성취 경험을 쌓아야 한다. 안정이 필요할 때도 분명 있을 테지만 회사에서는 조금 더 욕심을 낼 필요가 있다. 그래야 자신에게 중요한 것을 지킬 수 있고 자신이 원하는 선택을 할 수 있다.

그러니 이제부터는 회사에서 리더가 될 수 있는 기회가 있다면 주저하지 말고 적극적으로 손을 들어보자. 그런 경험이 쌓이면 당신은 안전지대에서 벗어나 더 많은 목표를 성취하고 성과를 올릴 수 있다. 그리고 당신이 원하는 삶에 조금 더 가까이 다가갈 수 있을 것이다.

● "나의 조절초점은 성취지향형일까, 안전지향형일까?"

○ 다음 질문에 1점(전혀 그렇지 않다)에서 5점(매우 그렇다)까지의 5점 척도로 답해보라.[11]

① 신명이 나서 더욱 열심히 노력하여 일을 완수한 적이 자주 있는가?
② 정해진 규칙이나 규정을 잘 따르는가?
③ 여러 가지 일을 다양하게 시도할 때마다 좋은 성과를 내는 편인가?
④ 성공적인 인생을 향해 진전을 이루어왔다고 생각하는가?
⑤ 성장 과정에서 부모님이 용납하지 않을 것 같은 선은 넘지 않으려고 애썼는가?
⑥ 주의를 충분히 기울이지 않아서 곤란에 빠진 적이 있는가?

점수 계산법 A: Q1+Q3+Q4 / B: Q2+Q5+(6-Q6)
A 점수가 높으면 성취지향형, B 점수가 높으면 안정지향형이다.

리더십은 곧 영향력이다

영화 〈라라랜드〉(2016)에서 노란색 원피스를 입고 하늘하늘 춤추던 배우 엠마 스톤이 체중을 7킬로그램이나 늘리고 운동선수로 열연한 영화가 있다. 바로 〈빌리 진 킹: 세기의 대결〉(2017)이다.

1973년 미국의 실화를 바탕으로 만들어진 이 영화의 제목에 '세기의 대결'이라는 부제가 달린 이유는 무엇일까? 당시 최고의 여성 테니스 선수 빌리 진 킹과 한때 잘나가다 은퇴한 남성 테니스 선수 바비 릭스가 세기의 성 대결을 벌인 사건을 기반으로 하고 있기 때문이다.

이 영화에는 당시의 시대상을 확연히 보여주는 장면이 있다. 빌리 진 킹이 당시 US테니스협회장인 잭 크레이머를 찾아가 우승 상금을 두고 따지는 장면이다. 빌리 진 킹은 이렇게 의문을 제기한다. "남자 우승자에게는 1만 2,000달러를 주고, 여자 우승자에게는 1,500달러를 준다고요?"

그러자 잭 크레이머가 대답한다. "남자는 상금을 그 정도 줘야 좋은 선수들이 몰려요. 우리는 미국 최고의 토너먼트 대회를 만들 거요. 사람들이 관심 있는 건 남자 경기예요."

빌리 진 킹이 맞받아친다. "여자 경기보다 남자 경기에 8배 만큼이나 관심이 있나요? 남자 상금이 여자 상금의 8배잖아요. 아니면 우리 관객이 8분의 1밖에 안 되나요? 오늘 여자 경기 결승 티켓이 남자 경기와 똑같이 팔렸어요. 그럼 상금 액수도 같아야 하는 거 아닌가요?"

잭 크레이머가 다시 대답한다. "똑같이 주는 것은 말이 안 되지. 남자는 가족을 부양해야 하잖소. 그리고 남자 경기는 여자 경기보다 훨씬 더 흥미진진하지 않소. 남자는 더 빠르고 힘이 좋고 투지도 강해요. 이건 생물학적인 문제요."

당신은 아마도 이런 일이 불과 반세기 전에 미국 사회에서 버젓이 벌어졌다는 사실에 놀랐을지도 모른다. 지금은 상황이 얼마나 나아졌을까? 안타깝게도 이런 일은 여전히 세계 곳곳에서 일어나고 있다.

2020년 9월에는 브라질 축구대표팀이 남녀 동일 임금을 선언해 화제가 됐다. 브라질축구협회는 "축구대표팀 남녀 선수에게 동일한 상금과 수당을 지급하기로 했다"며 "이는 남녀 선수들이 같은 액수의 임금을 받게 된다는 것을 의미한다"고 발표했다. 그렇다면 그동안 협회가 남녀 선수에게 동일한 액수의 임금을 지불하지 않았단 말이지 않은가.

스포츠계에서 남녀 동일 임금이 주요 화두로 떠오르고 있다. FIFA 여자 월드컵에서 2회 연속 우승을 차지한 세계 정상급의 미국 여자 축구대표팀은 남자 축구대표팀보다 낮은 임금을 받는 것에 항의하며 2019년 3월 미국축구협회를 상대로 소송을 제기했다. 미국축구협회는 여자 축구대표팀의 낮은 임금에 대해 재판에서 뭐라고 반박했을까?

　미국축구협회는 "남자와 여자 축구대표팀 선수 간의 신체적, 기술적 역량의 차이가 크고 남자 축구대표팀이 다른 나라 축구대표팀과 경쟁하는 데 여자 축구대표팀보다 훨씬 더 높은 수준의 경기력을 요구한다"고 주장했다. 이 주장으로 보건대 1973년의 의식 수준에서 조금도 나아진 것이 없다. 게다가 2020년 5월 미국 여자 축구대표팀은 해당 재판에서 패소했다.

　한편 호주, 노르웨이, 뉴질랜드 축구협회는 남녀 축구대표팀에 동일 임금을 지급하고 있다. 우리나라는 어찌하고 있는지 관련 정보가 공개되어 있지 않다. (혹시 알고 있는 분들은 알려주시라.)

최고가 되어야 세상을 바꿀 수 있다

다시 영화 이야기로 돌아가 보자. 빌리 진 킹은 US테니스협회의 차별적 임금에 반대하며 자신이 주도하여 세계여자테니스협회를 설립한다. 이런 상황에서 한물간 테니스 선수였던 바비 릭스가 세간의 관심을 끌고자 빌리 진 킹에게 시합을 제안한다. 그는 빌리 진 킹에게 '돼지 남성우월주의자와 제모거부 페미니스트' 간에 성 대결 경기를 펼치자는 제안을 하며 도발한다. 빌리 진 킹은 그의 제안은 경기가 아니라 서커스라며 처음에는 거절했지만 당시 여성 테니스 선수 랭킹 6위였던 마거릿 코트가 그와의 경기에서 패하자 마음을 고쳐먹고 경기에 임하기로 결정한다.

바비 릭스는 경기를 알리는 기자간담회에서 자극적인 발언을 한다. "저도 여자 좋아해요. 그들이 침실과 부엌에 있을 때요. 그런데 요즘은 안 끼는 데가 없죠." 이 영화에서 바비 릭스 역할을 맡았던, 이 영화의 감독이기도 한 스티븐 카렐은 "이 영화가 시대물이라 생각지 않는다. 빌리 진 킹이 했던 투쟁을 현재까지도 여성들이 하고 있기 때문이다"라고 말한 바 있다.

빌리 진 킹은 왜 바비 릭스와의 경기를 수락했을까? 영화에서 그는 이렇게 말한다. "난 최고가 될 거야. 그래야 세상을 바꿀 수 있어." 29세의 현역 여성 테니스 선수와 55세의 은퇴한 남성 테니스 선수의 맞대결은 TV로 생중계되어 9,000만 명의 시청자가 지켜봤다. 전 미국 대통령 버락 오바마는 빌리 진 킹을 만나 "열두 살 때 당신의 경기를 TV로 봤다. 그것이 내가 두 딸을 가르치는 방식에 중요한 영향을 미쳤다"고 말했다.

"왜 여성이 리더가 되어야 하나요?"라고 묻는 사람들이 있다. 어떤 이는 "남성 중심의 경쟁이 판치는 세상에서 리더가 되라는 것은 결국 여성도 남성과 똑같이 되라는 말이 아닌가요?"라고 묻기도 한다. 또 어떤 이는 "나는 힘들어서 그런 거할 여력이 없다. 지금까지 공부한 게 아깝기는 하지만 그냥 소소한 행복을 즐기면서 살겠다. 대신 우리 딸을 잘 키우겠다"라고 말한다.

개인의 행복을 추구하며 조직을 일찌감치 떠나는 것도, 내가 아닌 딸에게 희망을 걸어보는 것도 모두 당신의 선택이다. 하지만 나는 분명 그것보다 더 나은 선택이 있다고 믿는다. 당신이 아무도 없는 무인도에서 자신만의 세상을 만드는 건 오직 당신을 위한 일일 뿐이다. 만약 금지옥엽인 딸을 애지중지 키워 자신의 못다 한 꿈을 실현하려고 할 때, 딸 역시 똑같은 벽에 부딪히면 어찌할 것인가? 힘들더라도 우리 사회의 구조와 시스템을 바꾸는 데 일조해야 우리 딸들도 마음껏 날개를 펴고 날아오를 수 있다.

리더십은 곧 '영향력'을 의미한다. 따라서 리더가 된다는 것은 더 많은 사람에게 훨씬 강력한 영향력을 미칠 수 있다는 것이다. 빌리 진 킹은 바비 릭스를 당당하게 이기고서 여성도 남성과 평등한 대우를 받아야 한다는 목소리를 더 크게 낼 수 있었고, 나아가서 사회적 관심을 끄는 데도 성공했다.

이제 "리더가 되어야 하는가"에 대한 고민은 더 이상 하지 말자. 그 고민 대신 좋은 리더가 되려면 무엇을 해야 할지 생각하자. 당신에게는 리더가 될 잠재력이 충분하다. 그 방법을 하나씩 찾아보자.

여성이 그 자리에 지원하지 않는 이유

페이스북의 COO 셰릴 샌드버그의 책《린 인》에는 휴렛팩커드의 사내 보고서에서 인용한 다음의 문구가 소개된다. "남성은 자신의 능력에 대한 자신감이 60퍼센트면 어떤 일에 지원한다. 하지만 여성은 구인 목록에 있는 모든 항목이 자신과 100퍼센트 일치해야 지원한다." 이 이야기는 이렇게 귀결된다. "여성은 자신에 대한 확신이 더 필요하다."

　여성 리더십 전문가인 타라 소피아 모어는 이 이슈에 대해 의문을 품고 1,000명이 넘는 미국의 직장인들에게 다음과 같은 질문을 던졌다. "당신이 만약 자격을 전혀 갖추지 못했다고 생각해서 어떤 일에 지원하지 않았다면, 그 이유는 무엇인가?" 설문 결과에 따르면 지원을 막는 주요한 장벽은 자신감 부족이 아니었다. "그 일을 잘 못 해낼 것 같다"는 답변은 남성은 12.4퍼센트, 여성은 9.7퍼센트로 응답 중 제일 낮은 비율을 차지했다.[12]

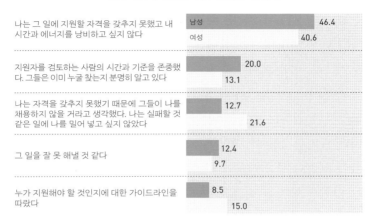

그 일에 지원하지 않은 이유, 응답별 비율(%)

실제 가장 많이 나온 답변은 "나는 그 일에 지원할 자격을 갖추지 못했고 내 시간과 에너지를 낭비하고 싶지 않다"로, 남성 46.4퍼센트, 여성 40.6퍼센트의 비율이었다. 다음은 "지원자를 검토하는 사람의 시간과 기준을 존중했다. 그들은 이미 누굴 찾는지 분명히 알고 있다"라는 답변으로 남성 20퍼센트, 여성 13.1퍼센트의 비율이었다.

그런데 응답 중 남성과 여성이 다른 양상을 보인 답변이 있다. "나는 자격을 갖추지 못했기 때문에 그들이 나를 채용하지 않을 거라고 생각했다. 나는 실패할 것 같은 일에 나를 밀어 넣고 싶지 않았다"라는 이유였다. 이를 답변으로 선택한 남성은 12.7퍼센트였지만 여성은 그보다 많은 21.6퍼센트였다. 또한 "누가 지원해야 할 것인지에 대한 가이드라인을 따랐다"라고 답한 남성의 비율은 8.5퍼센트에 그쳤지만 여성의 비율은 15.0퍼센트가 나왔다.

결국 여성은 남성보다 실패에 대한 두려움, 그리고 가이드라인을 충실히 따라야 한다는 부담감 때문에 지원을 꺼렸다. 모어는 그 이유를 다음과 같이 분석한다.

첫째, 여성은 자신이 더 많은 자격을 갖춰야 한다는 편견이 남성보다 심하다. 매킨지 보고서에 따르면 남성은 잠재력에 따라 승진과 채용이 결정되지만, 여성은 잠재력이 아니라 과거의 경험과 성공 사례에 따라 승진과 채용이 결정된다. 이러한 상황을 목격한 여성은 그 일을 할 만한 자격을 갖추지 못하면 지원하지 않겠다는 결론에 이르게 된다.

둘째, 소녀들은 소년들보다 더 강하게 규칙을 준수한다. 그리고 이러한 태도로 말미암아 소녀들은 학교에서 지속적으로 보상을 받는다. 소녀들이 학교에서 소년들에 비해 더 큰 성과를 만들어내는 데는 소녀들의 규칙 준수 성향이 강한 것도 부분적으로 영향을 미쳤다고 볼 수 있다. 하지만 이런 성향을 유지한 채 직장생활을 한다면 대가를 치르기도 한다. 특히나 '누가 지원해야 하는가' 하는 가이드라인을 받아들일 때 더욱 그렇다.

셋째, 인증서나 학위는 역사적으로 남녀에게 다른 역할을 해왔다. 여성들은 20세기에 들어서면서 본격적으로 직업생활에 뛰어들 수 있었다. 하지만 이는 여성들이 제대로 된 훈련과 승인을 받았을 때 이야기다. 어떤 일을 할 수 있다는 사실을 자격증으로만 증명할 수 있었으니 남성보다 여성은 직장이 더 질서 정연하고 성적을 중요시하는 곳이라고 느꼈을 것이다. 이러한 태도는 공식적인 훈련과 지원 자격의 중요성을 과대평가하고 자신을 지지해주는 사람이나 네트워크를 제대로 활용하지 못하게 한다.

여성 직장인을 코칭하다 보면 이런 사례를 자주 만난다. I씨는 승진 자격을 갖추었지만 이번 정기 승진 시험에 지원하지 않았다. 상사가 그를 부장 승진 후보로 올리겠다고 제안했을 때 I씨는 상사를 만류했다. 괜히 후보로 나섰다가 승진에서 누락되어 망신을 당하는 것보다는 1년 더 철저하게 준비해 내년에 부장이 되는 게 낫다고 생각했기 때문이었다.

J씨는 평소 중국주재원 자리를 염두에 두고 있었으나 회사에서 중국주재원 모집 공고가 났음에도 지원하지 않았다. 중국에서 유학했기에 중국어도 유창하고, 중국주재원이 되어 하고 싶은 일도 많았지만, 자격 요건에서 명시한 근무경력보다 자신의 경력이 6개월 정도 부족했기 때문에 아예 시도조차 하지 않았다.

누구도 나에게 왕관을 씌워주지 않는다

네고시에이팅위민Negotiating Women의 설립자인 캐럴 프롤링거와 데버러 콜브는 왕관증후군Tiara Syndrome이란 개념을 제시했다. 왕관증후군은 여성들이 충분한 자격을 갖췄음에도 불구하고 승진 등을 꺼리고 누군가 자신의 능력을 알아보고 자기 머리에 왕관을 씌워줄 것으로 기대하는 심리를 말한다. 여성들은 업무 성과가 좋으면 자연히 보상이 따를 거라고 믿는 경향이 있다. 정말 자기가 맡은 일만 잘 수행하면 누군가 그것을 알아보고 당신의 머리에 왕관을 씌워줄까? 그것이야 말로 공정한 일처럼 보이지만 이런 일은 현실에서는 거의 일어나지 않는다. 현실에서는 왕관을 잡아채 자기 머리에 직접 올려놓는 사람이 권좌를 차지한다.

《나를 믿고 일한다는 것》의 저자 우미영은 자기의 직장생활을 돌아보니 자신은 '중요한 순간마다 스스로를 추천해왔다'는 사실을 깨달았다고 한다. 비전공자였음에도 여성으로서는 드물게 IT영업을 해보겠다고 회사에 제안한 것은 다름 아닌 그 자신이었다. 다니던 회사에서 지사장 자리가 공석이었을 때 지사장 일을 직접 해보겠다며 회사에 평가 기간을 요청한 것도 바로 자신이었다. 다음은 그가 자신의 책에서 도전과 용기에 대해 언급한 내용이다.

"어떤 자리가 났을 때 능력이 그에 못 미치는 다수의 사람들이 '나는 준비된 사람'이라고 생각한다. 반면 90퍼센트 이상 준비된 사람들은 부족한 10퍼센트 때문에 주저하며 용기 있게 손을 들지 못한다. 나는 나를 지사장으로 추천하는 경험을 통해 부족한 10퍼센트에도 불구하고 손을 들 수 있는 용기가 100퍼센트의 능력을 가지는 것보다 훨씬 중요하다는 것을 알게 됐다."

묵묵히 자기 일만 하는 사람을 알아서 대우해주는 회사는 없다. 당신의 상사가 '무릎팍도사'가 아니라면 상사에게 당신이 원하는 것이 무엇인지 솔직히 말해야 한다. 왕관을 쓰고 싶다면 '그 왕관은 내 것'이라고 안팎으로 알려야 한다.

그리고 기회가 왔을 때 주저 없이 왕관을 움켜쥐어야 한다. 당신은 스스로가 생각하는 것보다 훨씬 유능할 뿐만 아니라 그 일을 할 자격이 충분하다. 그러니 하고 싶은 일이 있으면 상대에게 다가가 말하라. "나는 당신에게 나를 추천합니다" 라고.

● **왕관증후군 체크리스트[13]**

① 나는 승진에 필요한 기술과 능력을 갖추지 못했다고 생각해 승진 도전을 주저한 적이 있다.

② 나는 친구와 동료들이 권한 자리에 지원하는 것을 꺼린 적이 있다.

③ 나는 상사에게 승진하고 싶다는 말을 해본 적이 없다.

④ 나는 상사에게 승진에 필요한 자격을 갖출 기회를 달라고 요청한 적이 없다.

⑤ 나는 이직할 때나 고과평가 시기에 연봉을 협상한 적이 없다.

위의 질문에 대부분 '그렇다'고 답했다면 당신은 심각한 왕관증후군을 앓는 중일지도 모른다.

리더십에는 여러 모습이 있다

"저는 카리스마가 부족해서 리더가 되기는 힘들 것 같아요." 현장에서 만나는 직장인 여성들이 자주 하는 말이다. 그들이 이야기하는 '카리스마'는 한 치의 망설임도 없는 단호함, 주변 사람을 압박하는 극단의 자기 확신, 그리고 조직의 우두머리가 되고자 하는 지배 성향 등을 가리킨다. 하지만 카리스마의 원래 뜻은 이와는 거리가 멀다.

그리스어 'Kharisma'에서 유래한 이 용어는 '신의 은총'이란 뜻으로, 예언이나 기적을 일으키는 초능력 혹은 절대적인 권위를 의미한다. 독일의 사회학자 막스 베버는 대중은 초인적이며 상식을 뛰어넘는 초자연적 특성을 가진 사람, 즉 카리스마가 있는 사람을 믿고 따르려는 성향이 있다고 주장했다.

'카리스마' 하면 가장 먼저 누가 떠오르는가? 미국의 리더십학자 앤 루스 윌너는 다음의 4가지 기준을 바탕으로 카리스마 리더를 선별했다.

① 리더가 신비감을 주는가?
② 리더가 비범함 내지 초인적 역량이나 초자연적 역량

을 가졌는가?
   ③ 추종자들이 리더의 개인적 권위를 무비판적으로 수용
   하는가?
   ④ 추종자들이 리더에게 고도의 감성적 몰입을 하는가?

   윌너는 이를 기준으로 다음 7인을 카리스마 리더로 지목했
다. 쿠바의 혁명가 피델 카스트로, 인도의 민족운동가 마하트
마 간디, 독일 나치당 총통 아돌프 히틀러, 이란 혁명을 주도
한 아야톨라 루홀라 호메이니, 이탈리아 파시스트당의 당수
이자 총리 베니토 무솔리니, 미국의 4선 대통령 프랭클린 루
스벨트, 인도네시아의 초대 대통령 아크멧 수카르노가 그 주
인공이다.
   이들에게서 공통적으로 어떤 이미지가 떠오르는가? 수많
은 대중 앞에서 목에 핏대를 세우고 열변을 토하는 정치지도
자의 모습이 떠오르지 않는가?[14] 이런 이미지 탓에 여성들은
'리더는 나에게 안 맞는 옷'이라는 생각을 하기 쉽다. 그러나
카리스마 리더라고 불리는 리더들에게 좋은 모습만 있는 것
은 아니다.
   이들은 강력한 리더십으로 긍정적인 결과를 끌어내기도 하
나 그에 못지않게 갖가지 부정적인 결과들을 만들어냈다. 게
르만 민족주의와 반유대주의를 주창해 독일을 패망하게 만든
아돌프 히틀러를 떠올려보자. 카리스마 리더의 추종자들은
리더를 맹목적으로 따르므로 리더가 잘못된 방향으로 가더라
도 제어하기가 어렵다. 이러한 까닭에 카리스마 리더는 비판

에 귀를 기울이지 않고 자기주장만 고집하다가 결국 파국을 맞기 십상이다.

또한 카리스마 리더는 추종자들을 자신의 야망을 성취하는 수단으로 이용하곤 한다. 조직이나 집단의 비전만을 지나치게 강조하며 추종자들의 경력과 개인적인 미래에 대해서는 무관심하다. 이런 사례는 우리나라에서도 찾아볼 수 있다. 박정희 전 대통령이 이룩한 대한민국의 눈부신 경제발전의 이면에는 민주주의의 후퇴와 수많은 사람들의 희생이 있었다.

제왕적 리더십은 지고 포용적 리더십이 뜬다

미국의 기업지배구조 전문가인 리날도 브루토코는 제왕적 리더십의 시대는 가고 포용적 리더십의 시대가 왔다고 주장한다. 브루토코는 제왕적 리더로 르노닛산그룹의 전 CEO 카를로스 곤을 지목했다. 곤은 1999년 프랑스의 르노와 일본의 닛산을 합병해 르노닛산그룹을 세운 뒤 회사 규모를 4배로 키워내는 성과를 거두었다. 하지만 임직원과 이사회의 의견을 무시하고 자신의 믿음과 철학만을 맹신한 탓에 조직 내 합의를 끌어내지 못했다. 이런 행동은 내부 반발을 초래했고 결국 2018년 CEO 자리에서 해임됐다.[15]

브루토코는 제왕적 리더십은 제2차 세계대전의 산물이라고 말한다. 세계대전을 거치면서 기업의 조직 구조와 문화가 군대를 닮아가며 기업의 빠른 의사결정과 신속한 집행을 강조하게 됐다는 것이다. 여기에 불을 지핀 것은 상명하복 문화, 피라미드식 조직 등을 적극 옹호하면서 군대식 경영이론을 널리 퍼뜨린 MIT 슬론 경영대학원이었다.

현대 정치 리더십 분야의 세계적 석학으로 불리는 옥스퍼드대학교 교수 아치 브라운도 유사한 주장을 한다. 그는 자신의 저서《강한 리더라는 신화》에서 사람들은 대부분 '강한 지도자가 곧 위대한 지도자'라는 믿음을 품고 있다고 지적한다. 하지만 지난 100년 동안 명멸했던 전 세계 정치지도자에 대해 광범위하게 조사해보니 이러한 믿음은 낡아빠진 신념에 지나지 않았다.

브라운이 정의한 '강한 리더십'은 권력 전체를 한 개인이 장악해 휘두르는 것을 의미한다. 즉 한 사람이 정부와 정당을 지배함으로써 권력이 어떠한 반대도 없이 일사불란하게 행사되어야 한다는 것이다. 사람들은 보통 이러한 방식이 문제 해결에 대단히 효과적이라고 여긴다. 하지만 그는 과거의 역사를 분석해보니 강한 리더십은 그 자체로 골칫거리가 되거나 끔찍한 사회적 재난의 계기가 되기도 한다고 경고한다. 강한 리더로 한때는 칭송받았던 전 미국 대통령 도널드 트럼프의 말로가 그 예일 수 있겠다.

브루토코는 현대 기업에 가장 잘 맞는 리더는 '협업적 의사결정'에 능한 리더라고 강조한다. 임직원뿐 아니라 주주, 협력업체 등과 대화를 통해 합의를 끌어낼 줄 아는 리더가 바람직하다는 이야기다. 그는 이러한 리더를 '포용적' 리더라고 칭하는데 제왕적 리더가 일방향적이라면 포용적 리더는 쌍방향적이라고 할 수 있다. 환경보호를 회사의 성장과 연계한 유니레버의 폴 폴먼과 디트로이트의 남성중심적인 자동차 업계에서 최초의 여성 CEO가 된 제너럴모터스의 메리 배라가 포용적 리더의 예일 수 있다.

포용적 리더십은 최근에 정립된 리더십 이론 중 하나로, 조직구성원들과 상호작용적인 관계를 맺는 리더십이다. 리더가 개방적이고, 접근하기 수월하며, 유능하다고 인식되는 리더십을 의미한다. 리더가 직원들의 노력을 인정하고 그들의 생각이나 아이디어에 대해 높은 수준의 개방성을 보이면서, 유능하고 접근하기 쉬운 사람이라고 심리적으로 인식될 때, 그 리더는 포용적 리더십을 지녔다고 평가된다. 리더가 포용적 리더십을 보이면 구성원들은 심리적 안정감과 활력을 느낀다. 그리고 시행착오를 통한 학습 및 발언의 기회가 증가해 성과가 향상된다.

그렇다면 포용적 리더가 되려면 어떻게 해야 할까? 우선 자신이 포용적 리더십 행동을 하고 있는지 점검하는 것에서 출발해보자. 더 이상 자신에게 카리스마가 부족하다고 한탄하지 말자. 그보다는 누구나 찾아와 새로운 아이디어를 제시하고, 더 나은 성과를 내기 위해 필요한 일들을 논의할 수 있도록 개방적인 태도를 장착하자. "도움이 필요하면 언제든 나를 찾아오라"라고 말하고, 누군가가 나를 원한다면 상대를 먼저 찾아가는 적극성을 보이자. 문제를 해결하고 상황을 바꾸는 유능함을 갖추기 위해 노력하자. 카리스마가 부족하거나 없어도 당신은 충분히 리더가 될 수 있다.

● 포용적 리더십 점수 측정[16]

○ 다음 질문에 대해서 '예' 또는 '아니요'로 답해보자.

① 나는 새로운 아이디어에 개방적인가?

② 나는 업무 프로세스를 개선할 새로운 기회를 모색하고 있는가?

③ 나는 회사가 지향하는 목표를 달성할 방법을 토론하는 데 개방적인가?

④ 나는 동료/부하 직원이 나를 필요로 할 때 그 자리에 든든하게 있어주는가?

⑤ 전문적인 의견이 필요할 때 동료/부하 직원은 나에게 상의할 수 있는가?

⑥ 나는 동료/부하 직원의 요구사항에 귀를 기울이고 있는가?

⑦ 나는 목표를 달성하기 위해 새로운 방법을 항상 추구하는가?

⑧ 내 동료/부하 직원은 나와 새로운 문제에 대해 토론할 수 있는가?

⑨ 내 동료/부하 직원은 문제가 발생할 때 언제나 나에게 의견을 구할 수 있는가?

⑩ 나는 동료/부하 직원이 문제가 있을 때 나에게 논의할 수 있을 만큼 포용적인가?

여성이 원하는 것은 따로 있다

내가 30대를 바쳐 일했던 회사는 도심의 으리으리한 빌딩에 사무실을 두고 있었다. 1984년에 세워진 그 빌딩은 같은 해에 '서울에서 가장 아름다운 건물'에 선정될 정도로 멋진 외관으로 유명했다. 지상 28층, 지하 4층의 위용을 자랑하는 그 빌딩에는 이름만 대면 알 만한 기업들이 다수 입주해 있었다.

그런데 모든 게 완벽해 보이던 그곳에 딱 한 가지 문제가 있었다. 여름만 되면 사무실이 몹시 추웠던 것이다. 냉방병에 걸릴 정도였다. 그래서 나는 여름에도 가급적 긴팔 옷을 입고 출근했다. 그러고도 한기가 가시지 않아 카디건과 무릎담요를 애용했다. 당시 나는 내가 추위를 많이 타는 체질이라 그렇다고 생각했다. 다른 여성 직원들도 대부분 사무실이 춥다고 느꼈지만 그저 개인적 문제로 받아들였다.

그러다 우연히 내가 왜 그렇게 여름마다 사무실에서 덜덜 떨었는지 알게 됐다. 영국의 저널리스트이자 여성운동가인 캐럴라인 크리아도 페레스가 쓴 《보이지 않는 여자들》이란 책에서 그 해답을 찾았다. 페레스는 이 책에서 인류의 절반인 여성과 관련된 사실들이 제대로 기록되지 않는 '젠더 데이터

공백'에 대해 말하며, 이것이 어떤 재앙을 일으키는지 설명한
다. 그중에는 '표준 사무실 온도'에 대한 언급도 있었는데, 문
제는 일반 사무실의 표준 온도를 구하는 공식의 기준에 있었
다. 그 공식은 1960년대 몸무게 70킬로그램, 40세 남성의 기
초대사율을 기준으로 만들어진 것이었다. 연구 결과에 따르
면, 이는 현대 여성의 실제 신진대사율보다 35퍼센트 높게 계
산된 것으로, 여성에게 적정한 온도보다 평균 5도가 낮았다.

　그동안 개인적 문제로 치부하고 불편을 감수했던 일이 실
상은 개인 차원의 문제가 아니었던 것이다. 한 손에 딱 들어
오는 최고의 '그립감'을 제공한다는 아이폰을 내가 자주 떨어
뜨렸던 것도 나의 부주의함 때문이 아니었다. 여성의 평균 손
크기(18센티미터)를 고려하지 않고 제품을 만든 애플의 잘못
때문이었다.

　이 모든 것은 남성과 여성이 똑같다는 전제하에 설정된 '남
성 디폴트값'에서 비롯됐다.

여성만의 커리어 의사결정 양상이 있다

미국의 경영학자 리사 마이니에로와 셰리 설리번은 2000년
대 초반, 미국에서 임원 승진을 앞둔 중간관리급의 여성들
이 대거 회사를 떠나는 사회현상을 주의 깊게 관찰했다. 그들
은 이러한 현상을 '옵트 아웃 레볼루션The Opt-Out Revolution'
이라고 이름 붙이고 깊이 연구해 여성의 독특한 커리어 의사
결정 양상을 설명하는 만화경 커리어 이론Kaleidoscope Career

Model을 정립했다.

만화경은 거울을 이용해 갖가지 색채와 무늬를 볼 수 있도록 고안된 시각적인 완구를 일컫는다. 만화경의 통을 흔들면 셀룰로이드 조각이 거울에 반사되어 천변만화千變萬化의 무늬가 만들어지듯, 여성은 커리어와 관련한 의사결정을 할 때 생애주기에 따라 다양한 요인에 영향을 받는다. 만화경 커리어 이론에서 만화경의 무늬를 결정하는 3가지 가치는 도전, 균형, 진정성이다.

여성은 커리어 초기에는 '도전'을 중요하게 여긴다. 이때에는 "이 커리어를 택할 경우 충분한 도전과 기회가 따를 것인가?"가 중요한 질문이다. 따라서 커리어 초기 단계에 있는 여성은 업무의 성격에 민감한 반응을 보인다.

커리어 중기에는 '균형'을 추구한다. "이 커리어를 택할 경우 일과 가정의 양립이 가능한가? 삶의 여러 영역에서 균형을 이룰 수 있는가?"가 이 시기의 주요 질문이다. 이때는 도전적인 업무보다는 현재 하는 일을 하면서 일과 가정을 양립할 수 있는지를 중요하게 여긴다.

마지막으로 커리어 후기에는 도전이나 균형보다 '진정성'을 중요시한다. 이 시기에는 "이 커리어에서 내가 진정 '나'일 수 있는가? 나의 진정성을 유지할 수 있는가?"가 중요한 질문으로 떠오른다. 중간관리직에 오르며 성공 가도를 달리던 여성들이 임원 승진을 목전에 두고도 일을 그만두는 것은 바로 '진정성' 때문이다.

남성은 도전과 야망, 자기계발과 커리어 목표를 중시한다.

이들도 커리어 후기에는 가족이나 삶의 균형 등을 고려하지만 여성에 비해 극적인 변화를 찾아보기 힘들다. 남성의 커리어 의사결정은 다분히 목표지향적이며, 높은 지위에 오르고 연봉을 많이 받기 위해 비교적 단순하고 독립적으로 이루어지는 경향이 있다. 하지만 여성은 커리어를 결정할 때 '관계'를 중시한다. 남성보다 좀 더 폭넓게 자신의 의사결정과 연관된 이슈와 사람을 고려한다. 여성은 남성에 비해 삶 전체의 조화와 통합을 지향하는 경우가 많다.

　돌아보니 나 또한 크게 다르지 않았다. 첫 직장에서 일할 당시 대외적으로는 마케팅 커뮤니케이션 스페셜리스트로서 광보, 홍보, 전시, 이벤트 업무를 담당하는 것으로 되어 있었지만, 실제 했던 업무는 회사 대표 편지 대필, 고객 명절 선물 선정 및 배달하기, 해외 고객 서울 명소 안내 등등이었다. 그러면서 항상 '이 일을 통해 내가 성장할 수 있을까?'를 고민했다.

　결혼 후 일과 육아를 병행해야 하는 상황에 놓였을 때는 주중에는 야근과 회식으로 바쁘고 주말에는 워크숍에 참석하고 출장을 다니느라 아이를 제대로 돌보고 있지 못하다는 죄책감에 시달렸다. 팀장으로 일할 때는 본부장 승진을 포기하고 싶어졌다. 본부장이 되려면 철저하게 회사가 원하는 인간형으로 살아야 하는데, 그러고 싶은 마음이 싹 사라졌다. 내 본모습으로 살지 못하는 삶이 몹시 힘들었다. 반면 내 주변의 남자 동료들은 승진으로 가는 사다리를 꾸준히 올라갔다. 그들이 원하는 목표는 나이가 들어가도 좀처럼 달라지지 않았다.

우리 사회의 기준값은 누구인가

이쯤 되면 여성과 남성이 다를 바 없다는 생각에 합리적 의심을 품을 때가 됐다. 이것은 남녀를 차별하자는 말이 아니다. 있는 그대로의 차이를 인정하자는 것이다. 표준 사무실 온도, 스마트폰 액정 크기와 같이 우리가 사는 이 사회의 기준값은 남성이 표준이다. 회사에서는 더욱 그렇다. 직원이 대부분 남성이었던 시간이 훨씬 길었고 여전히 조직에서 남성이 다수를 차지하고 있기 때문이다. 일터에 여성이 점점 더 많아지고 있는 현시점에 여성이 진정 원하는 것은 남성과 다를 수 있다는 것을 인지해야 한다.

　세계적인 HR 컨설팅사 휴잇어소시에이츠의 최고다양성책임자CDO인 안드레 타피아는 자신의 저서 《포용의 시대가 온다》에서 여성을 위한 복지제도는 남성과 달라야 한다고 주장한다. 각종 연구 자료를 종합하면 여성은 다음과 같은 점에서 남성과 다르다.

　　○ 여성에게 급여는 가장 큰 동기부여 요소가 아니다.
　　○ 여성에게 경쟁적인 보상 모델은 매력이 떨어진다.
　　○ 여성은 가치 있는 일에 끌린다.
　　○ 여성은 소속감을 중요시하고 유연성에 끌린다.
　　○ 여성은 장시간 근무를 하면 몰입이 저하된다.

　이 의견에 동의한다. 나 또한 내 커리어에서 최고 연봉을 받던 시절에 주변의 평가와는 관계없이 스스로 가장 불행하다고 느낀 경험이 있다. 당시 내 인생에서 가장 불행했던 이유는 가족은 물론이고 나 자신조차 돌볼 여유가 전혀 없어서였다. 더 높은 자리에 올라가려면 늘 일을 최우선 순위에 두고 회사에서 부를 때마다 개인사는 모두 제쳐두고 회사로 달려가야 하나, 나는 그런 인생을 살고 싶지 않았다.

끝도 보이지 않는 경쟁의 사다리를 오르는 것도 고달팠고 내가 하는 일이 누구를 위한 일인지 확신이 서지 않았다. 당시 연봉을 조금 깎는 대신 하루를 쉴 수 있었다면 기꺼이 그렇게 했을 것이다.

"여성이 원하는 것은 따로 있다!" 이제 이렇게 목소리를 높여야 한다. 겉으로 표현하지 않으면 누구도 먼저 알아서 배려해주지 않는다. 남성은 현재의 상황에 문제가 있다는 사실을 자각하기 어렵다. 그들은 지금의 모든 것을 당연하게 여긴다. 여성 또한 마찬가지다.

누군가 용기를 내어 먼저 이야기를 꺼내지 않으면 사람들은 그저 개인의 문제로만 받아들인다. 그러니 이제 원하는 것을 당당하게 말하자. 그래야 일터에 남는 여성도 늘어나고 여성 리더도 더 많이 배출된다. 또한 우리 사회가 남녀 모두에게 공평한 사회로 나아갈 수 있다.

그렇다면 무엇부터 해야 할까? 우선 내가 속한 조직에 여성에게 맞지 않는 제도나 문화가 있는지 점검하는 일부터 시작해보자. 주변의 여성들과 그 주제를 두고 논의해보고 의견을 모아 인사팀이나 관리자에게 건설적인 제안을 해보자. 물론 말처럼 쉬운 일은 아니다. 하지만 작은 시작이 큰 변화를

끌어낼 수 있으니 지레 포기하지 말고 작은 첫발을 내디뎌
보자.

과소평가하는 여자,
과대평가하는 남자

저는 설립된 지 3년 남짓한 스타트업에서 임원으로 일하고 있습니다. 규모는 크지 않지만 나날이 성장하는 회사지요.

얼마 전 대표님의 지시로 신규 사업 프로젝트의 리더를 물색했습니다. 대표님이 내부 직원들에게 기회를 주자고 하셔서 성실하고 믿음직한 제니에게 제일 먼저 리더 자리를 제의했습니다. 제니는 회사에 많은 기여를 했고 실무 능력도 우수한 창립 멤버입니다. 하지만 제니는 자신은 아직 프로젝터 리더가 될 역량이 부족하다며 고사하더군요.

그러던 차에 마이클이 저를 찾아왔습니다. 작년 이맘때 입사한 그는 자신이 적임자라며 자신감을 보이더군요. 제가 보기엔 그는 아직 준비가 덜 된 사람입니다. 이런 현상을 어떻게 해석해야 할까요? 자신감에도 성별 차이가 있는 걸까요?

– 누굴 선택해야 할지 고민인 K이사

K이사님, 고민이 많으시군요. 조직을 관리하는 리더들은 이사님과 비슷한 고민을 자주 호소합니다. 능력이 충분한 여성 직원은 기회 앞에서 오히려 주저하고, 능력이 부족한 남성 직원은 과도한 자신감을 보인다는 것입니다. 미국의 리더십컨설팅사 젱거포크만을 운영하는 잭 젱거와 조지프 포크만은 2019년 〈하버드비즈니스리뷰〉에 다음과 같이 기고했습니다.

"남성과 여성은 동일한 자격을 갖추고 있더라도 승진에 대해 상이한 태도를 보인다. 남성은 새로운 업무를 통해 부족한 점을 배울 수 있다고 자신하지만, 여성은 썩 내켜하지 않으면서 선뜻 나서기를 주저한다."

영국 런던대학교 교수 에이드리언 펀햄은 각국에서 이루어진 지능지수IQ 연구 30여 건을 분석했습니다. 그 결과, 실제 IQ에는 성별 차이가 거의 없었습니다. 하지만 자신이 얼마나 똑똑한가를 평가하는 '인식된 지능'에서는 성별 차이가 나타났습니다. 남성은 자신의 IQ를 과대평가하고 여성은 자신의 IQ를 과소평가한다는 것입니다.

IQ가 평균 혹은 평균 이하인 남성은 자신을 똑똑하다고 인식하는 데 비해 정작 IQ가 더 높은 여성은 스스로를 부족하다고 평가하는 경우가 많았습니다. 더구나 남성은 자신의 실제 IQ보다 5점 높게 자신의 지능을 평가하는 경향이 있었습니다.

펀햄은 자신을 과대평가하는 남성의 성향이 사회생활에서 유리하게 작용할 수 있다고 지적했습니다. 실제로 그다지 IQ가 뛰어나지 않지만 자신이 똑똑하다고 믿는 남성과 IQ가 우수하지만 그렇지 않다고 믿는 여성이 있을 경우 기업은 '자신감이 넘치는 남성'을 택할 가능성이 높다는 것입니다. 또한 이러한 자기암시는 실제 성과에도 영향을 미칠 수 있기 때문에 스스로를 과소평가하는 여성은 남성에 비해 자신의 능력을 충분히 발휘하지 못할 가능성이 있습니다.

편햄은 이러한 성향 차이가 남성에게는 자신감 있는 태도를 요구하고 여성에게는 겸손한 태도를 요구하는 사회적 분위기 때문일 수 있다고 분석했습니다.

그렇다면 남성의 자신감은 무조건 성과로 이어질까요? 꼭 그렇지만은 않습니다. 일부 연구 결과만으로 일반화할 수는 없지만 여성이 남성보다 더 나은 성과를 만들어내고 더 높은 리더십 효과성을 보인다는 결과가 다수 발표됐습니다.

하버드대학교 의과대학 보건의료정책과 연구진의 연구에 따르면, 여성 의사에게 진료를 받은 환자의 사망률과 재입원율이 남성 의사에게 진료를 받은 환자보다 낮은 것으로 나타났습니다. 연구진은 2011년부터 2014년까지 4년간 전문의에게 입원 치료를 받은 65세 이상 환자의 20퍼센트를 대상으로 의료 기록을 무작위로 표집해 퇴원 후 30일간의 사망률과 재입원율을 비교 조사했습니다. 그 결과, 여성 의사에게 진료를 받은 환자의 사망률은 11.07퍼센트로, 남성 의사에게 치료를 받은 환자의 사망률 11.49퍼센트보다 낮았습니다. 재입원율도 여성 의사 환자의 경우 15.02퍼센트, 남성 의사 환자의 경우는 15.57퍼센트였습니다.[17]

연구진은 여성 의사에게서 진료를 받은 환자의 사망률이

남성 의사에게서 진료를 받은 환자의 사망률보다 낮은 이유는 여성 의사가 남성 의사보다 근거에 기반을 둔 의술을 펼치고 임상 지침을 더 잘 따르기 때문이라고 분석했습니다. 환자와 소통하는 방식도 여성 의사의 방식이 더 효과적이라는 평가도 내렸습니다. 연구진은 남성 의사가 여성 의사 수준의 진료 결과를 냈다면 해마다 사망하는 환자가 약 3만 2,000명 감소할 것이라고 추산했습니다.

앞에서 언급한 젱거포크만사의 연구에서도 유사한 결론이 나왔습니다. 젱거포크만사는 2011년에 7,280명의 계층별 리더를 표본으로 남성과 여성의 리더십 효과성을 조사했습니다. 남성 리더와 여성 리더의 리더십에 대해서 동료와 상사, 부하 등으로 구성된 360도 평가를 진행한 결과, 여성 리더는 조직의 최상층부인 CEO와 임원뿐 아니라, 중간관리자와 사원 계층에서도 남성 리더보다 더 우수한 리더십을 발휘한 것으로 나타났습니다.

또한 16개의 역량별 리더십의 효과성 평가에서는 12개의 역량에서 여성 리더가 남성 리더보다 통계적으로 우수한 리더십을 발휘했습니다. 12개의 역량은 주도권 장악, 자기계발, 성실성과 정직성, 결과중심사고, 직원 계발, 직원 동기부여, 관계 형성, 팀워크와 협력, 목표 확장, 변화 주도, 문제 해결과 이슈 분석, 강력하고 풍성한 커뮤니케이션이었습니다. 여성 리더가 남성 리더보다 낮은 평가를 받은 4개의 역량은 외부 세계와의 연결, 혁신, 기술적 또는 전문가적 지식, 전략적 관점 개발이었습니다.

최근 사례도 이야기해볼까요? 2020년 6월 〈뉴욕타임스〉가 전 세계 코로나19 사망률 집계 상위 21개국을 분석한 결과, 남성 지도자가 이끄는 국가의 사망률은 100만 명당 214명인 반면 여성 지도자가 이끄는 국가의 사망률은 5분의 1 수준인 100만 명당 36명이었습니다. 특히 코로나19 사망률이 100만 명당 150명 이상인 국가는 모두 남성 지도자를 두고 있는 것으로 나타났습니다. UCLA 전염병학 교수 앤 리모인은 "뉴질랜드, 노르웨이, 독일, 덴마크, 핀란드, 아이슬란드 등은 여성 지도자의 관리 스타일 덕분에 코로나19 위기를 잘 견뎌냈다"고 평가했습니다.

〈뉴욕타임스〉는 여성 지도자들의 효과적인 소통과 과감한 판단을 코로나19 방역의 성공 요인으로 뽑았습니다. 뉴질랜드 총리 저신다 아던, 노르웨이 총리 에르나 솔베르그, 독일 총리 앙겔라 메르켈은 권위적인 모습 대신 공감의 메시지를 던지며 국민을 위로하거나, 심각성을 강조하며 위기 상황임을 주지시켰습니다. 대만 총통 차이잉원은 코로나19 팬데믹 초기부터 입국 금지 카드를 꺼내 과감한 판단과 발 빠른 대처를 했다는 평가를 받았습니다.[18]

K이사님, 제니를 불러서 프로젝트 리더에 도전해보라고 다시 권해보세요. "지금까지 잘 해왔다, 너는 할 수 있다, 그러니 이번엔 꼭 도전해라"와 같은 말로 독려해주세요. 실제로 구글에서는 승진 시험에 여성 직원들의 자기 추천 비율이 남성 직원보다 떨어지자 관리자들이 승진 시험 도전을 독려해 여성 승진 비율을 높인 사례가 있습니다.

코로나19 팬데믹이 전 세계를 강타하고 있습니다. 포스트 코로나 시대에는 더욱 포용적이고 다양한 관점에 귀를 기울이는 여성의 리더십이 필요합니다. 그러니 여기서 포기하지 마시고 여성에게 기회를 주세요. 공정하게 여성을 택해주시고 더 많은 여성 리더를 만들어주시면 좋겠습니다.

4

왜 리더를
꿈꿔야 할까

리더는 타고나는가, 길러지는가

'리더는 타고나는 것인가, 길러지는 것인가?' 이는 리더십 연구자들이 장기간에 걸쳐 천착하고 있는 주제다. 이른바 '본성 대 양육' 논쟁은 아직도 끝나지 않았다. 리더십 연구의 초기에는 리더는 타고난다는 주장이 지배적이었으나 이후에는 육성된다는 주장이 제기됐다. 현재는 2가지 주장이 모두 지지받고 있다.

혹자는 "리더는 타고나거나 육성되는 것이 아니라 선택된다"고 말한다. 누군가가 특정 자질이나 행동을 보여준다고 해서 그 자체로서 리더로 인정받는 것이 아니라 다른 사람들이 그 사람을 리더로 인정해줄 때 비로소 리더가 된다는 것이다. 리더가 타고나는 것이든 길러지는 것이든, 또는 선택되는 것이든 여성은 남성에 비해 리더가 되기에 불리한 것만은 분명하다. 그 이유를 하나씩 짚어보자.

리더는 타고난다고 주장하는 리더십 이론은 '리더십 특성론'이라고 부른다. 특성론에서는 리더가 되는 사람은 특정한 특성이 있다고 여겨 초기에는 키와 몸무게와 같은 신체적 특성을 연구했다. 그러다 성격, 지적 능력, 대인관계 능력 등으로 연구의 주제가 확대됐다. 리더십 학자 리처드 만은 리더의 특성으로 지능, 남성성향, 적응력, 지배성향, 외향성, 보수성향을 들었다. 또 다른 리더십 학자 랠프 스톡딜은 성취동기, 집념, 직관, 주도력, 자신감, 책임감, 협동심, 인내심, 영향력, 사회성을 그 특성으로 지목했다. 결국 이들이 말하는 리더는 용맹하고 강인한 전사 이미지에 가까운 남성이다.

이후 제기된 리더십 행위론에서는 리더의 특성으로 과업과 구성원들을 고려한 행동이 강조됐다. 그러다 리더의 특성이나 행동보다 리더가 처한 상황이 중요하다는 리더십 상황론이 제기됐다. 그 이후로도 리더십 이론은 작용과 반작용을 거치면서, 특정 이론의 한계를 극복하기 위한 새로운 이론들이 꾸준히 등장하고 있다.

리더십 행동에 영향을 미치는 요소

개인의 리더십 발휘와 관련해 고려할 것이 3가지 있다. 바로 리더십 행동에 영향을 미칠 수 있는 리더십 효능감, 리더십 발휘동기, 리더십 경험이다.

리더십 효능감은 리더십 행동을 잘 수행할 수 있다고 믿는 리더십에 대한 자신감을 말한다. 리더십 행동에는 집단의 자원을 잘 활용하고, 자신의 스트레스를 효율적으로 관리하고, 긍정적이면서 심리적 요인을 조직하는 행동 등이 포함될 수 있다.

리더십 발휘동기는 말 그대로 리더십을 발휘하게 하는 동기를 의미한다. 킴 인 챈과 프리츠 드래스고는 리더십 발휘동기가 리더의 역할과 책임 수행, 리더십 개발 훈련의 참여 결정에 영향을 미친다고 말한다. 리더로서의 노력 강도와 노력의 지속성은 리더십 발휘동기에 의해 결정될 수 있다.

이러한 리더십 발휘동기는 감성적 동기, 사회규범적 동기, 비계산적 동기로 분류된다.

우선 감성적 동기는 리드하는 것 자체를 좋아해서 리더의 역할을 수행하려는 동기를 갖는다는 의미다. 동창회나 동아리 모임에서 나서기를 좋아하는 사람을 떠올려보면 이해가 쉬울 것이다.

다음으로 사회규범적 동기는 리더 역할을 맡는 것이 그리 내키지는 않지만, 누군가 그 역할을 맡긴다면 의무감과 책임감을 느껴 리더가 되기로 결심하는 동기를 의미한다.

마지막으로 비계산적 동기는 리더의 역할을 감당하는 데 드는 비용을 마다하지 않아서 리더의 책무를 수행하는 동기를 말한다. 바꿔 말하면 리더의 역할을 수행하는 데 드는 비용보다 혜택이 더 많기 때문에 리더의 역할을 수행하는 것이다. 그러니 이는 어쩌면 계산적 동기일 수도 있다.

리더십 효능감과 리더십 발휘동기는 연관성이 높게 나타난다. 리더십에 대한 자신감이 높으면 리더십을 발휘하려는 동기가 강해진다는 뜻이다. 그런데 많은 연구에서 여성은 남성에 비해 리더십 효능감과 리더십 발휘동기가 떨어진다는 결과가 나왔다. 현재까지의 연구 결과를 종합하면, 대부분의 여성은 리더가 되기를 주저한다. 곰곰이 생각해보니 정말 그랬다. 현장에서 만나는 직장인 여성의 다수는 리더가 되고 싶지 않다고 말했다. 높은 자리에 올라가기보다는 그저 가늘고 길게 직장생활을 오래하고 싶다는 것이다. 정말 그들의 속마음도 그런 것일까? 그렇다면 그 이유는 무엇인가? 이러한 의문을 품고 몇 가지 연구를 수행했다.

직장인 333명을 대상으로 실시한 연구에서는, 예상대로 여성의 리더십 효능감과 사회규범적 리더십 발휘동기는 남성보다 낮은 것으로 나타났다.[19] 하지만 그 이유는 단순한 '성별 차이'가 아니었다. 여성이 남성보다 경력이 짧고 리더십 경험이 부족하기 때문이었다. 이는 여성도 리더십 경험을 쌓으면 남성 못지않게 리더십에 대한 자신감과 리더 역할을 수행하려는 동기를 갖게 됨을 의미했다. 즉 여성은 리더가 되기를 주저하는 것이 아니라 리더십 역량이 축적될 때까지 기다린다는 것으로 해석할 수 있다.

회계법인에서 근무하는 공인회계사 1,000명을 대상으로 실시한 연구에서 개인의 경력 열망을 성취 열망, 리더십 열망, 성장 열망으로 나누어 측정했다. 그 결과, 회사에서 많은 성과를 내고 능력을 인정받고 싶은 욕구인 성취 열망과 자신이 맡은 분야의 최신 지식을 습득하고 추가적인 훈련을 지속적으로 받고자 하는 욕구인 성장 열망에서는 남녀 차이가 발견되지 않았다. 하지만 리더의 위치에 오르고 다른 직원들을 관리하고자 하는 욕구인 리더십 열망은 남성이 여성보다 높은 것으로 나타났다.

　그렇다면 리더십 열망에 긍정적인 영향을 미치는 것은 무엇이었을까? 그것은 '리더십 경험'이었다. 리더를 맡은 경험이 많은 사람은 리더십 열망도 높을 수 있다.

알파걸이 회사에서도 성공하려면

미국 하버드대학교 아동심리학 교수인 댄 킨들런은 '알파걸'이란 용어를 만들었다. 알파걸은 자신감과 성취 욕구가 높으며 학업은 물론이고 신체활동, 인간관계, 리더십 등 삶의 모든 방면에서 어떤 남자에게도 뒤처지지 않을 정도로 탁월한 여학생을 말한다.

　킨들런은 알파걸의 등장에 결정적 영향을 끼친 사람으로 강력한 여성 롤 모델과 자녀 양육에 적극적으로 참여하는 아버지를 꼽는다. 알파걸은 일하는 어머니를 보고 자랐고 자신도 힐러리 클린턴이나 오프라 윈프리와 같은 사람이 될 수 있을 거란 자신감을 가지고 있다. 또한 아버지와 함께 놀이, 운동, 캠핑, 여행 등을 즐겨 독립심, 리더십, 도전 정신을 갖춘 사고방식으로 무장하고 있다.

　우리나라에서도 다양한 분야에서 알파걸이 활약하고 있다. 요즘 초중고교 및 대학교를 막론하고 '여고남저女高男低' 현상이 두드러진다. 많은 경우 여학생의 성적이 남학생을 앞지르는 것이다. 각종 고시에서도 여성 수석 합격자가 즐비하다. 2020년도 국가공무원 5급 공개경쟁채용시험 결과를 살펴봐도 일반행정, 교육행정, 전기직, 화공직의 수석을 여성이 꿰찼다. 수석 합격자의 절반이 여성인 셈이다. 성적뿐만이 아니라. 학교에서 반장, 회장, 학생회장 등에도 여성이 선발되는 경우가 많다.

이 시점에서 질문이 떠오른다. "학교에서는 그렇게 잘나가던 알파걸들이 왜 회사에서는 성공하지 못할까?" "매사에 자신만만하고 야심찬 알파걸들이 왜 회사에서는 리더가 되기를 주저할까?" "알파걸이 리더로 성장하려면 무엇을 해야 할까?"

여성이 더 많은 리더 경험을 쌓아야 한다. 리더를 맡은 경험이 풍부한 여성은 리더로서의 자신감과 리더가 되겠다는 동기가 높게 마련이다. 회사에서 존재감 없이 정체되어 있는가? 그렇다면 작은 것이라도 리더의 역할을 맡도록 노력하라.

상사가 자신을 인정해주지 않아서 고민인가? 그렇다면 망설이지 말고 상사를 찾아가 리더가 될 기회를 달라고 요청하라. 작은 성공이 큰 성공을 만든다. 리더십을 발휘하다 보면 자신의 잠재력과 성장 가능성도 어필할 수 있다.

여성을 가두는 성 고정관념

성 고정관념은 사회에서 성별에 따라 적절하다고 생각하는
특성에 대한 일반적인 관념을 말한다. 성 고정관념은 인지적
측면, 행동적 측면, 성격, 감정 등에 대해 사회마다 그리고 구
성원의 성별에 따라 각기 다른 특징을 지닐 것이라 기대하는
성역할에 의해 만들어진다.

　1970년대 유명 가수였던 헬렌 레디의 삶을 그린 영화〈아
이 엠 우먼〉(2019)에서는 당시 미국 사회가 얼마나 성 고정관
념에 사로잡혀 있었는지를 여지없이 보여준다. 이 영화의 한
장면에서 음반제작사 직원은 헬렌에게 "남편이 생일을 깜빡
해서 이혼했느냐"고 묻는다. 또 다른 장면에서 같은 팀의 밴
드 멤버보다 보수가 적다고 항의하는 헬렌에게 공연을 주최
한 술집 관계자는 "남자는 가족을 부양해야 하기 때문에 더
주는 것"이라고 응수한다.

　당시 사람들은 여성은 어머니와 아내의 역할에 충실해야
한다고 믿었다. 반세기가 지난 2021년은 어떨까? 인식이 전
혀 개선되지 않은 것은 아니지만 여전히 사회 곳곳에서 성 고
정관념으로 고통받는 여성이 많다.

여성이 리더가 되기 어려운 이유 중 하나로 여성 리더가 처한 이중구속이 종종 언급된다. 전북대학교 교수 강준만이 〈한겨레신문〉 칼럼에서 언급한 이중구속의 사례를 살펴보자.

> "여성은 일을 할 때 '마음에 드는 것'과 '존경을 받는 것' 사이에서 줄타기를 해야 하는 반면 남성들은 그런 걱정을 할 필요가 없다."
>
> _ 페이스북 최고운영책임자 셰릴 샌드버그

> "만약 여성이 지도자로서의 기대에 부응하려면 자연스레 훌륭한 여성의 행동 양식을 위반하게 된다. 반대로 여성과 관련된 기대에 부응하려고 할 때 훌륭한 지도자의 특성에서는 멀어진다."
>
> _ 미국 조지타운대학교 언어학 교수 데버라 태넌

> "여성들은 딜레마에 처하곤 한다. 한편으론 똑똑하게 자립해야 하면서, 반면 아무도 언짢게 하지 말고 누구의 발도 밟지 말아야 한다. 그러지 않으면 자기주장이 강하다는 이유로 아무도 좋아하지 않는 사람이 되어버린다."
>
> _ 미국 전 민주당 대통령 후보 힐러리 클린턴

대부분 사람들의 머릿속에는 '리더는 곧 남성'이라는 공식이 새겨져 있다. 또한 성 고정관념에 따라 이상적으로 생각하는 남성과 여성의 모습이 형성되어 있다. 남성은 여성에 비해 이중구속에 처할 위험이 적다. 강한 카리스마를 보이고 추호의 망설임도 없는 결단력을 보이면 우수한 리더의 자질을 갖추었다는 긍정적 평가를 듣는다. 게다가 상대를 배려하고 포용하는 모습까지 보이면 성숙한 리더라는 칭송까지 얻는다.

하지만 여성이 처하는 상황은 다르다. 강한 리더십을 보이면 여성답지 못하다는 평가를 받기 일쑤다. 또 여성적인 특성을 드러내면 리더답지 못하다는 말을 듣는다. 전문가들은 힐러리 클린턴이 대선에서 낙마한 이유가 '야망에 불타는 여성'이라는 이미지 때문이었다고 지적한다. 어릴 때부터 대통령이 되겠다고 마음먹고 평생 그 꿈을 실현하기 위해 살아온 힐러리 클린턴마저도 이중구속에서 자유로울 수 없었던 것이다.

그렇다면 어떻게 해야 할까? 진선미 전 여성가족부 장관이 모 언론과 했던 인터뷰 기사에서 힌트를 찾아보자.

"변호사 생활을 시작할 당시만 해도 여성 법조인이 드물어 여성 변호사에 대한 의뢰인의 신뢰도가 낮았다. 정성껏 상담했더니 남성 변호사로 바꿔달라는 요구를 받고 허탈했던 적이 많다. 이런 태도가 바뀌기 시작한 것은 참여정부에 들어서고 한명숙 총리, 강금실 법무부장관, 김영란 대법관 등의 임명 소식이 미디어에 노출되면서부터인 것 같다. 오랫동안 고착된 성 고정관념을 바꾸기 위해서는 다양한 분야에서 유리천장, 유리벽을 깨는 여성이 많이 나와야 한다. 많은 여성에게 새로운 롤 모델을 제시해주고 조직문화를 바꾸는 것이 기업 성과를 높이고 국가의 경쟁력 강화에 기여하는 길이다."

여성이 처한 이중구속을 극복하는 최선의 방법은 여성 리더가 더 많아지는 것이다. 다양한 분야에서 여성 리더가 많아지면 성 고정관념이 희미해지고, 그러다 보면 언젠가 여성 리더를 더 자연스럽게 받아들이는 사회 분위기가 형성될 것이다.

브라더스가 아니라 시스터스

유럽중앙은행 총재 크리스틴 라가르드는 지난 2018년 국제
통화기금IMF 총재 시절, 리먼 사태 10주년을 맞아 IMF 공식
블로그에 글 하나를 올렸다. "리먼 브라더스Brothers가 아니라
리먼 시스터스Sisters였다면 세상은 현재와 상당히 다른 모습
이었을 것이다."

서브프라임 모기지 사태를 촉발해 전 세계를 금융위기로
몰아넣고 파산한 리먼 브라더스가 리먼 형제가 아닌 리먼 자
매가 설립한 회사였다면 그토록 무모한 행동을 하지 않았을
거라는 의미다. 라가르드 총재는 금융 개혁의 핵심 중 하나는
여성 리더십 확충이라고 강조한다. 규제와 감독만으로는 위
기 재발을 막을 수 없으므로 남성 위주인 금융권의 모습이 바
뀌어야 한다는 것이다.

리더십 이론 중에는 기업의 전략 수립과 실행을 책임지는
최고경영자CEO의 리더십을 연구하는 '전략적 리더십 이론'
이란 것이 있다. CEO의 전략적 의사결정에 영향을 미치는
것 중 하나가 최고경영자 집단TMT: Top Management Team의 규
모나 다양성, 가치관, 성격이나 인지적 특성이다. 특히 TMT

의 인지적 다양성은 의사결정의 질이나 조직성과에 유의미한 영향을 미친다. 인지적 다양성은 집단 내의 정보수집과 정보처리 과정에서 다양한 관점이 반영되는 정도를 의미한다. 인지적 다양성이 증가하면 의사결정에 걸리는 시간도 늘어나지만 집단의 의사결정의 질은 좋아진다.

또한 TMT의 인지적 다양성이 증가하면 조직의 성과에 긍정적인 영향을 끼친다. 특히 환경변화의 속도와 복잡성이 높은 기업일수록 그렇다. 라가르드 총재가 금융권에 더 많은 여성이 진입하고 그들이 더 높은 지위에 올랐다면, 리먼 브라더스가 했던 것 같은 의사결정이 내려질 가능성을 낮췄을 것이라고 말하는 이유가 여기에 있다.

2020년 코로나19 팬데믹으로 세계 증시에 메가톤급 충격이 가해지면서 라가르드 총재의 말이 다시 회자되었다. 영국 〈파이낸셜타임스〉가 2020년 6월, "코로나19 위기에 헤지펀드 업계에서 여성 펀드 매니저들이 남성 경쟁자를 이겼다"고 보도했기 때문이다. 헤지펀드 정보업체 HFRI에 따르면, 주요 헤지펀드의 투자실적을 반영하는 HFRI500 펀드 가중종합지수는 지난 2020년 1~4월 동안 5.5퍼센트 떨어졌다. 반면 여성이 운영하는 헤지펀드의 실적을 반영하는 HFR여성지수는 같은 기간 3.5퍼센트 하락하는 데 그쳤다.

여성 펀드 매니저가 남성 펀드 매니저보다 더 좋은 실적을 낸 이유는 무엇일까? 전문가들은 대략 2가지 이유를 든다.

첫째, 남성은 투자 결정 면에서 합리적 이유보다 자존심을 앞세우는 경향이 강하지만, 여성은 위험회피적이며 남성보다 조심스럽게 리스크를 관리하는 편이기 때문이다.

둘째, 여성은 남성보다 승진에서 제약을 받기 때문에 성공하기 위해서 더 열심히 일하고 평균적인 남성보다 월등한 실적을 보여주려 한다. 그럼에도 불구하고 헤지펀드 업계에서 여성의 입지는 매우 좁다. 여성이 운용하는 글로벌 헤지펀드 자산은 전체의 1퍼센트에 불과하며 헤지펀드 업계에서 여성 인력의 비율은 18.8퍼센트로 그마저도 법무, 조직 운영, 마케팅 등 지원 부서에 배치된 경우가 많다.

한국 경제를 구원할 존재는 누구인가

우리나라의 상황도 별반 다르지 않다. 한국의 금융시장에서 활동하는 여성 펀드매니저의 비율은 10퍼센트 안팎이다. 하지만 이들이 그간 이룬 성과는 놀랍다. 2018년 1분기에 수익률이 높았던 10개 펀드 중 3개 펀드의 운용역은 여성이었다.

여성 펀드매니저의 수는 2015년부터 증가하기 시작했는데 그 이유가 의미심장하다. 중공업 위주의 인프라 투자 시대가 저물고, 저성장과 저금리 상황에서 의식주와 관련된 소비가 급증해 생활밀착형 산업에 밝은 여성 펀드매니저가 약진하고 있다는 것이다.

제조업 중심의 경제 구조에서는 기업의 재무제표나 영업보고서, 애널리스트의 보고서 등이 투자 판단을 내릴 때 활용하는 중요한 근거였다. 하지만 한국 경제가 소비 중심으로 바뀌고 인터넷, SNS 등이 발달하면서 여성의 섬세한 분석력과 숏자 감각이 빛을 발하고 있는 것이다. 여성 펀드매니저는 차분하고 집중력이 높아 펀드를 운용하는 데 흔들림이 없고 남성 펀드매니저보다 안정적으로 수익을 내는 능력이 뛰어나다는 평가를 받는다.

검찰 설립 65년 만인 지난 2013년, 우리나라 최초로 여성 검사장이 탄생했다. 바로 조희진 전 서울동부지검장이다. 그는 2018년에 검찰을 떠나며 퇴임사에서 다음과 같은 소회를 밝혔다. "여성 1호, 최초라는 수식어가 무거운 짐이고 부담이었으나 절제와 균형을 유지하고 공직자로서 최선을 다하기 위해 노력했다. 검찰 내 여성 검사장 1호로서 소임을 다하고 유리천장을 깨려고 했다."

첫 여성 고검장 탄생에 대한 대중의 기대가 높았지만 끝내 그 꿈은 이루지 못했다. 한 기자가 그에게 여성 검사 후배들에게 하고 싶은 말을 물었다. 그러자 그는 이렇게 대답했다. "가만히 있으면 거저 자리가 주어지지 않는다. 좀 시끄럽다는 소리를 듣더라도 목소리를 내야 한다. 적극적인 모습을 잃지 말아 달라."

밤새 건물이 뚝딱 올라가고 몸으로 때우면 성과가 쭉쭉 나오는 시대는 갔다. 아무리 야근을 하고 회사에서 살다시피 하며 일을 해도 예전만큼 매출은 눈에 띄게 오르지 않는다. 은행에 수억 원을 맡겨도 이자는 쥐꼬리만 하다. 이제 더 이상 한국에서 고속성장의 신화를 기대하기 어렵다. 단순 작업과 같은 육체노동은 로봇에게 맡기고 고차원적이고 창의적인 작업은 인간이 해야 하는 4차 산업혁명 시대에 접어들었다.

어린아이들의 울음소리가 줄어들고 노인들의 한숨이 늘어
간다. 막막한 현실에 지친 젊은이들은 더 이상 일 때문에 삶
을 희생하지 않을 거라 말한다. 코로나19 팬데믹이 종식되어
도 또 다른 팬데믹이 우리를 찾아올 것이다. 더 섬세하고 유
연한 대응과 관리가 필요한 시대가 도래하고 있다.

이런 상황에서 우리 경제를 구원할 존재는 여성이 아닐까?
여성의 공감 능력, 소통 능력, 위기관리 능력을 적극 발휘해
안정적인 성과를 만들어내자. 앞으로 더 많은 곳에서 여성의
리더십이 필요할 것이다. 그러니 더 이상 망설이지 말고 용기
를 내보자. 이제 여성이 사명감을 가지고 나서야 할 때다!

기회의 문이 열린다

2021년 1월, 미국 사회는 새로운 대통령을 맞았다. 트럼프 시대가 끝나고 바이든 시대가 열린 것이다. 하지만 백인우월주의자이자 독불장군, 마초, 미국 역사상 최악의 대통령 등 수많은 부정적인 수식어가 붙은 트럼프 전 대통령은 선거 결과에 불복하며 자신의 지지자들을 자극했다. 이에 그의 지지자들이 미국 민주주의의 상징인 국회의사당을 유린하는 사상 초유의 사건까지 벌어졌다. 그는 퇴임한 전 대통령임에도 불구하고 탄핵 위기에 처하기도 했다. 그렇다면 바이든 시대의 미국은 어떻게 달라질까?

첫 번째 변화는 신임 백악관 대변인 젠 사키의 언론 브리핑에서 감지됐다. 바이든 대통령이 취임 5시간 만에 무려 17개의 행정명령과 행정조치에 서명을 마치자 대변인 사키는 곧바로 브리핑에 나섰다. 통상 첫 브리핑은 '상견례' 수준이지만 사키의 첫 브리핑은 '실전'이었다. 이는 트럼프 행정부 시절과는 상반된 행보였다. 트럼프 행정부는 당시 언론과 각을 세우며 '트윗'으로 대통령의 공식 메시지를 발표했고 브리핑에서도 기자들의 질문을 제한했다.

　사키는 "브리핑룸에 진실성과 투명성을 다시 들여오겠다" 는 방침을 밝혔다. 브리핑은 시종일관 부드러운 분위기였다 는 후문이다. 한 기자가 "바이든 대통령이 동맹관계를 복원한 다고 했는데 첫 순방 일정이 정해졌는가?"라고 질문하자 그 는 "백악관에 온 지 7시간밖에 안 됐는데 해외출장 준비라니. 물론 나는 준비됐지만"이라고 답했다. 또한 "앞으로 매일 브 리핑하겠다"고 밝히며 "주말은 제외한다. 나는 괴물이 아니 다"라는 농담을 덧붙였다.

　사키는 20년 가까이 커리어를 이어온 베테랑이다. 2001년 연방 상원의원 톰 하킨의 재선 캠페인에 뛰어들며 커리어를 시작했고 전 국무장관 존 케리의 대통령 후보 공보 부책임자 와 전 대통령 버락 오바마의 백악관 초대 부대변인과 공보국 장, 국무부 대변인을 지냈다.

　그의 이력 중 아주 반가운 부분이 있다. 바로 두 아이의 엄 마라는 사실이다. 바이든 행정부의 백악관 공보·홍보팀은 사 키를 포함한 고위직 7명이 전원 여성이다. 그중에는 흑인과 성소수자LGBTQ도 있다. 사키는 자기 팀에 대해서 "가장 뛰어 나고 전투에 능하며 다양성을 확보한 팀으로, 어린아이를 키 우는 6명의 엄마가 포함됐다"고 소개했다.

다양과 포용의 시대가 온다

바이든 행정부의 키워드는 '다양성'이라는 평가를 받고 있다. 인종, 나이, 성별, 성적 지향 등 여러 측면에서 다양성을 확보했다는 것이다. 바이든 행정부 각료 및 각료급 인사 26명 중 유색인종은 50퍼센트다. 자메이카계 흑인 아버지와 인도인 어머니 사이에서 태어난 카멀라 해리스 부통령이 대표적인 인물이다.

이러한 유색인종 비율은 트럼프 행정부 당시 비율인 16퍼센트는 물론이고 42퍼센트를 기록했던 오바마 행정부 당시 비율보다도 높다. 바이든 내각 26명 중 여성은 12명으로 46퍼센트를 차지한다. 트럼프 정부 첫 내각에서 여성은 25명 중 4명이었고 오바마 정부는 22명 중 7명이었다.

미국에서의 이러한 변화는 정계에만 국한된 것은 아니다. 2020년 12월, 세계 2위 규모의 증권거래소인 나스닥NASDAQ은 상장기업에 최소 여성 1명과 아프리카, 라틴, 아시아계 등 소수 인종 및 성소수자 최소 1명을 이사진에 포함해야 한다는 지침을 도입한다고 밝혔다. 이러한 변화의 중심에는 나스닥 사상 첫 여성 CEO인 아데나 프리드먼이 있었다. 이러한 조치에 대해 프리드먼은 "더 포용적인 자본주의를 만들기 위한 전진이며 나스닥의 목표는 경제를 더 강하게 만드는 것"이라고 강조했다. 미국의 투자은행 골드만삭스도 2019년 기업 이사진에 여성을 1명 이상 두지 않는 기업은 투자 포트폴리오에 올리지 않겠다고 선언한 바 있다.

우리나라는 어떠한가? 문재인 대통령은 후보 시절 "30퍼센트 수준으로 시작해 단계적으로 임기 내에 남녀 동수내각 실현을 위해 노력하겠다"고 약속한 바 있다. 그러나 추미애 법무부 장관과 박영선 중소벤처기업부 장관이 퇴임하면서 2021년 1월 여성 장관의 수는 18명 중 5명(27.7퍼센트)에서 3명(16.6퍼센트)으로 줄었다. 2021년 5월에는 1명이 늘어 4명이 되면서 22.22퍼센트를 기록했다.[20] 이는 문재인 대통령의 임기 내 남녀 동수내각 공약에는 한참 못 미치는 결과로 향후 더욱 적극적인 개선이 이루어져야 할 사안이다.

미국 UCLA 교수이자《총, 균, 쇠》의 저자 재레드 다이아몬드는 한국의 한 TV 프로그램에 출연해 한국의 만성적 위기로 '여성의 역할'을 지목했다. 그는 1990년대에 한국을 처음 방문했는데 뛰어난 역량을 가진 여성학자가 "남편으로부터 인정받지 못한다"는 말을 듣고 충격을 받은 적이 있다고 말했다. 또한 2019년 방한했을 때는 젊은 여성 대부분이 절대 결혼하지 않겠다는 말을 하는 것을 보고 또다시 충격을 받았다고 했다. 다이아몬드는 한국의 이러한 상황은 3가지 측면에서 만성적인 위기라고 일갈한다.

첫째, 이는 한국 여성에게 비극이다. 여성이 사회에서 자신의 역량을 마음껏 펼치지 못하기 때문이다. 둘째, 이는 한국 남성에게도 비극이다. 여성이 만드는 성과를 남성이 함께 누리지 못하기 때문이다. 셋째, 이는 한국이라는 국가에도 비극이다. 인구의 절반을 낭비하고 있기 때문이다. 한국 인구는 5,100만 명인데 인구가 2,550만 명에 불과한 나라처럼 작동하고 있다. 인구의 절반을 낭비하면서 성장을 기대할 수는 없다.

위 TV프로그램에 다이아몬드와 함께 출연한 전 외교부 장관 강경화는 인터뷰에서 "여성 첫 외교부 장관이라는 막중한 자리에서 기를 쓰고 일하고 있지만 간혹 '내가 여성이라서 이렇게 애쓰고 있는가'란 생각을 한 적이 있다"고 언급했다. 당시 그는 "남성 위주의 기득권 문화 속에서 내가 과연 받아들여지고 있나?"란 질문을 스스로 하곤 했다고 고백했다.

또한 국회 외교통일위원회 국정감사에서 해양수산부 소속 어업지도원이 북한 당국에 의해 피살된 사건을 처리할 때 관계장관회의에 참석하지 못하는 등 그가 사실상 패싱을 당했다는 논란이 있었다. "회의 개최 통보를 받지 못한 데 대해 문제의식을 느끼고 국가안정보장회의NCS 상임위원회에 문제를 제기했다"고 발언하기도 했다.

여성에게 기회의 문이 열린다

2020년 2월 4일에 "자산총액 2조 원 이상인 주권상장기업은 이사회의 이사 전원을 특정 성性으로 구성하지 않아야 한다"라는 '자본시장법'이 발표됐다. 이 규정은 2022년 8월 5일부터 의무적으로 적용된다.[21]

여성가족부 조사에 따르면, 2020년 여성 등기임원을 새롭게 선임한 기업은 한진중공업, 미래에셋생명, 삼성SDS 등 18개 기업으로 향후 기업의 여성 이사 선임은 더 많이 증가할 것으로 전망된다.

우리 사회가 더 평등하고 더 합리적인 사회가 되려면 어떻게 해야 할까? 우선 더 많은 여성이 더 다양한 분야에서 활약하는 환경이 조성되어야 한다. 아마도 당신이 일하는 회사에서 여성은 소수자이며 대부분의 기득권은 남성이 쥐고 있을 것이다.

여성은 서로를 위해 기꺼이 짐을 나누어야 한다. 그것이 서로가 더 많은 것을 얻게 하는 길이다. 여성에게 새로운 기회의 문이 열리고 있다. 그러니 준비가 되지 않았다고, 자신이 없다고 망설이지 말고 기회의 문을 향해 뚜벅뚜벅 나아가라.

● 리더십
고민상담소
○ 넷

나쁜 엄마라는
죄책감이 들어서 괴로워요

초등학교 3학년 딸을 키우는 워킹맘입니다. 요즘 코로나19 때문에 저도 재택근무를 하고 아이도 집에서 온라인 수업을 듣고 있어 24시간 집에서 육아와 일을 병행하느라 녹초가 되어 있는 상태이지요.

이런 상황에서 회사 인사팀으로부터 뜻밖의 제안을 받았습니다. 회사에서 '여성 핵심인재풀'을 만들어 임원으로 키울 예정인데 참여 의사가 있느냐는 것입니다. 핵심인재가 되면 임원에게 필요한 역량을 기를 수 있도록 교육도 하고 주요 직무를 경험할 수 있는 기회도 준다고 합니다.

순간. 욕심이 났습니다. 원래 제 꿈이 임원이 되는 거였거든요. 하지만 이 선택을 한다면 회사 일에 더 몰입해야 하고 그러면 아이에게 소홀해질 거란 생각이 들더군요. 하지만 이 기회도 놓치고 싶지 않습니다.

아이보다 저 자신을 더 우선시하다니 저는 나쁜 엄마일까요? 저는 어떤 선택을 해야 할까요?

– 선택의 기로에 서 있는 L팀장

L팀장님, 고민이 많으시겠어요. 저 역시 아이들이 어릴 때 육아와 일을 병행하는 것이 너무 힘들었던 기억이 나네요. 주말에 아이들에게 시달리고 나면 월요일에 출근해 회사에서 쉬곤(?) 했답니다. 제가 14년간 아이 둘을 낳고 키우면서도 이어왔던 직장생활을 결국 멈추었던 이유 중 하나는 자신이 나쁜 엄마처럼 느껴지는 죄책감 때문이었지요. 직장인 여성들을 코칭하다 보면 이런 고민을 자주 호소합니다. 본인의 경력 개발을 위해서는 아주 좋은 기회를 얻었지만 아이 때문에 망설이는 것이지요.

이때 가장 먼저 생각해봐야 할 문제는 '아이를 잘 키운다는 것'의 정의입니다. 아이를 잘 키운다는 것은 어떤 의미일까요? 영유아기에는 아이가 키가 크고 몸무게가 많이 나가면 잘 키우는 건가요? 기저귀를 일찍 떼고, 일찍 걷고, 말을 일찍 하면 잘 키우는 건가요? 한글을 빨리 익히고 영어 유치원에서 두각을 나타내면 잘 키우는 건가요? 학교에서 공부를 잘하고 명문대에 들어가면 잘 키우는 건가요? 사실 워킹맘이 갖게 되는 죄책감의 기저에는 내 아이가 남들보다 뒤처지면 어쩌나 하는 걱정과 불안이 자리하고 있습니다.

또 한 가지 생각해봐야 할 문제는 '아이가 원하는 것은 무엇인가?'입니다. 아이는 완모(완전모유수유)를 하는 엄마를 원할까요? 아이와 24시간 함께 있는 엄마를 원할까요? 시판 이유식 대신에 엄마표 이유식을 먹이는 것을 원할까요? 아이가 소외되지 않도록 엄마들 모임에 열심히 나가고 학원 수업이 끝날 때까지 학원 근처에서 대기하는 것을 원할까요? 최신 입시 정보를 파악해 아이에게 최적화된 학원에 아이를 입학시키는 것을 원할까요? 어쩌면 우리는 아이가 원하는 것이 아니라 '엄마가 해야 한다고 생각하는 것'에 집중하고 있는지도 모릅니다.

첫 번째 문제에 대한 답을 찾기 위해서는 '전업주부의 아이와 워킹맘의 아이 간 차이가 존재하는가?'를 알아봐야 합니다. 많은 사람이 엄마가 아이를 직접 키우지 않으면 아이의 정서발달이나 지능발달에 부정적인 영향을 미칠 것이라고 생각합니다. 이런 생각 때문에 워킹맘은 자신이 나쁜 엄마라는 죄책감에 시달립니다. 하지만 지금까지 나온 연구 결과들은 다른 이야기를 하고 있습니다.

미국의 여성학자 린다 허시먼의 연구에 따르면, 워킹맘의 아이와 전업주부의 아이의 행복지수 사이에 통계적으로 유의미한 차이가 없었습니다. 미국 소아과학회가 발표한 자료에서도 엄마의 직장생활이 자녀의 성품 형성에 나쁜 영향을 미친다는 근거는 발견되지 않았습니다. 프랑스 국립과학원 연구에서는 오히려 전업주부보다 워킹맘의 아이가 학업성취도에서 평균 성적을 얻는 비율이 높은 것으로 나타났습니다.

미국의 조기탁아연구네트워크가 1,000명 이상의 아동을 15년간 추적하여 진행한 연구에서도 엄마가 양육한 아이와 타인이 양육한 아이 간에 발달 정도가 다르지 않다는 결과가 나왔습니다. 아이들의 인지 기술, 언어 능력, 사고 능력, 관계 형성 및 유지 능력은 물론이고 엄마와 맺는 유대감의 질에서도 전혀 차이가 없었습니다.

자녀 교육 전문가들은 중요한 것은 '엄마가 집에 있느냐, 직장에 다니느냐가 아니라 아이와 어떤 상호작용을 하느냐' 라고 강조합니다. 또한 아버지의 역할과 부모의 결혼생활에 대한 자녀의 인식도 중요합니다.

미국의 조기탁아연구네트워크의 연구에서는 자녀의 말에 호응하고 긍정적으로 반응하는 아버지, 자녀의 자기주도적 행동을 선호하는 어머니, 감정적으로 친밀한 결혼생활을 유지하는 부모의 모습 등이 아동발달에 미치는 영향력이 여타 탁아 형태보다 2~3배 더 크다는 사실이 입증됐습니다. 앞에서 언급한 성품 연구에서도 자녀의 성품에 긍정적인 영향을 미치는 요소는 부모의 긍정적인 성품이라는 결과가 나왔습니다.

유사한 맥락의 국내 연구도 있습니다. 2000년 서울과 경기 지역의 중고등학생 800명을 대상으로 성균관대학교 사회과학연구소 책임연구원 정태인이 수행한 연구에 따르면, 어머니의 취업 여부나 근무 형태 및 직종은 자녀의 인성(사회성, 자아존중감, 목표지향성, 자율성)과 학업열망, 학습태도, 교우관계에 직접적인 영향이 없었습니다. 그러나 어머니의 취업은 자녀가 인식하는 '가정 분위기'를 매개로 자녀의 인성, 학업, 교우관계에 간접적인 영향을 미쳤습니다.[22] 결국 어머니의 취업 여부가 아니라 그것이 가정 분위기에 어떻게 반영되는지가 자녀에게 유의미한 영향을 미친다는 것입니다.

두 번째 질문에 대한 답을 찾는 가장 확실한 방법은 아이에게 직접 물어보는 것입니다. 저는 두 딸을 키우며 이 질문을 자주 했습니다. 아이가 어릴 때(초등학교 저학년까지)는 엄마가 집에서 있으면서 자신과 놀아주고 친구들에게 자랑할 만한 정성스러운 도시락을 싸주고 비가 오면 학교에 우산을 가져다주길 바랍니다. 제가 직장생활 14년 만에 안식년을 선언하고 집에 있을 때, 당시 유치원생이던 둘째는 몹시 좋아했습니다.

얼마 전 열다섯 살이 된 둘째에게 "엄마가 일하는 것과 일하지 않는 것 중에서 무엇이 좋냐"고 물었습니다. 딸이 이렇게 말하더군요. "나는 엄마가 일하는 것이 좋아. 왜냐하면 엄마는 일을 할 때 행복해 보이거든." 저는 아이가 진정으로 원하는 것은 엄마가 행복한 것이라고 생각합니다. 그러니 엄마 자신이 행복해지는 일이라면 아이도 원하는 일이라고 해석해도 큰 차이는 없을 것입니다.

그렇다면 아이가 클 때까지는 집에서 엄마의 역할에만 충실하는 게 좋을까요? 그렇게 하길 원한다면 아이가 엄마를 찾지 않는 시점이 언제일지 생각해봐야 합니다. 만약 아이가 열 살이 될 때까지 전업주부로 산다면, 이후에 자신이 원하는 일을 할 수 있는 확률이 매우 낮아진다는 점을 고려해야 합니다. 10년간의 경력 공백을 극복하는 것은 쉬운 일이 아니니까요.

그렇다면 어떻게 해야 할까요? 일도 하면서 아이가 원하는 것을 해주는 방법이 있을까요? 있습니다. 남편에게 기회를 주는 것입니다. 아이가 엄마와 함께 하고 싶은 일은 아빠와도 얼마든지 할 수 있는 일이니까요.

자녀 육아에 남편을 적극적으로 참여시키는 일은 아이뿐
아니라 남편에게도 좋은 일입니다. 제주대학교 생활환경복지
학부 교수 서미정의 연구에 따르면, 육아에 적극적인 남편이
결혼생활에 더 만족하는 것으로 나타났습니다. 자녀를 막 낳
은 부부 2,150쌍을 2008년부터 2012년까지 추적 조사한 한국
아동패널 자료를 분석한 결과에 따르면, 아빠의 결혼생활 만
족도는 양육 참여도에 상관없이 시간이 갈수록 낮아졌습니
다. 하지만 육아에 덜 참여한 아빠는 만족도 감소 속도를 측
정한 그래프의 기울기가 훨씬 가팔랐습니다. 양육 참여도가
낮은 아빠들은 시간이 갈수록 육아에 더 적극적으로 참여한
아빠들에 비해 결혼생활 만족도가 3배 이상 빠르게 떨어졌습
니다.

L팀장님, 혼자 고민하지 마시고 이 문제에 대해서 남편과
이야기를 나눠보세요. 핵심인재풀에 들어간다면 어떤 변화
가 있을지 남편에게 알려주세요. 그리고 그 변화를 잘 관리하
기 위해서 남편이 해야 할 일을 말하세요. 만약 남편이 하기
어렵다면 타인의 도움을 받는 것도 고려할 수 있습니다. 집안
일을 해줄 가사도우미를 고용하거나 아이와 함께 놀아줄 사
람을 찾는 것도 방법일 수 있습니다. 최근에는 아이와 대학생
선생님을 연결해주는 돌봄 방문 서비스를 제공하는 회사도
생겼습니다.

하버드대학교 경영대학원 교수 캐슬린 맥긴이 25개국의
성인 5만 명을 대상으로 실시한 연구에 따르면, 워킹맘의 딸
들은 전업주부의 딸들보다 성인이 됐을 때 취업할 확률이

1.2배 더 높고 관리자가 될 확률이 1.29배 더 높으며, 일주일에 44시간을 더 일하고 1년에 1,880달러를 더 법니다. 아들들은 어떨까요? 워킹맘의 아들들은 전업주부의 아들들보다 일하는 여성과 결혼하는 경향이 있고 일터에서 더 성평등적인 태도를 취하며, 가족을 돌보는 데 매주 50분을 더 씁니다.

만약 딸이 성인이 됐을 때 취업을 하고 관리자로 승진하고 더 많은 연봉을 받길 바란다면 무엇을 하는 것이 좋을까요? 아들을 더 성평등적이고 가정적인 남자로 키우려면 무엇을 해야 할까요?

아이를 위해서 자신을 무조건 희생하지 마세요. 누군가를 위한 희생은 보상 심리를 부르고 결국엔 모두를 불행하게 만듭니다. 자신이 행복한 일을 하세요. 엄마의 행복 에너지가 아이에게도 전해져 아이도 행복해집니다. 그러니 기회의 문 앞에서 이제 더 이상 망설이지 마세요. 그것보다 기회를 잡으려면 무엇을 해야 할지에 집중해보세요. 딸은 엄마를 닮습니다. 엄마의 도전과 성장을 딸이 배울 수 있도록 해주세요. L팀장님의 현명한 선택을 기다립니다.

5

리더 열망을
어떻게 실현할까

조직 정치를 하라

"회사에서 팀장인 제 바로 아래 직급으로 형편없는 사람을 보냈어요. 그 사람은 일은 제대로 안 하고 늘 상사들 뒤꽁무니만 쫓아다니면서 아부하기에 급급했어요. 우리 팀원 모두가 그를 싫어했어요.

그런데 시간이 지나면서 상사들이 이 사람 말만 듣고 있다는 것을 알게 됐어요. 너무 한심하다고 생각했죠. 일을 열심히 하면 알아주려니 했지만 아니더라고요. 결국 저는 회사를 떠나게 됐어요. 제가 그렇다고 추잡한 조직 정치를 할 수는 없는 거잖아요."

일을 똑소리 나게 한다고 해서 상사들로부터 '똑순이 팀장'이라고 불렸던 M씨. 팀원들도 일을 잘하는 그를 따랐다. 그런데 N차장이 이 팀에 들어오면서 상황이 달라지기 시작했다. N차장은 점심, 저녁 약속이 끊이지 않고 계속해서 사람들을 만났다. 상사들과의 만남은 물론이고 팀원들과도 교류하며 많은 이야기를 나누었다.

어느 순간부터 N차장은 M팀장이 평소 강조하던 방향과 다른 방향으로 팀원들을 끌고 가기 시작했다. 회의에서 팀장의 의견에 N차장이 대놓고 반대하는 일도 종종 일어났다. 팀원들은 팀장에게 불편하다고 하소연하면서 뭔가 조치를 취해 줄 것을 요구했다. 하지만 M씨는 제대로 대응하지 못했고 결국 회사를 떠나게 됐다. 팀원들은 N차장을 팀장으로 맞아 새로운 회사 생활에 접어들었다.

M씨처럼 조직 정치를 추잡하다고 인식하는 일하는 여성을 종종 본다. 대개 조직 정치 하면 떠올리는 행동이 있다. 일은 제대로 안 하면서 저녁마다 모임을 마련하고 술을 마시며, 상사 등 힘 있는 사람에게 아부하고, 경쟁자를 험담하고 끌어내리며, 특정 패거리를 만드는 것 등이다. 조직 정치를 이렇게만 정의한다면 이를 결코 바람직한 행위라고 할 수 없다.

하지만 조직 정치는 그런 행위를 의미하지 않는다. 조직 정치는 조직 내에서 자신의 힘이나 영향력을 확보하려는 행위이다. 따라서 그 자체는 추잡한 것이 아니라 가치중립적인 것이다. 즉 조직 정치는 좋다거나 나쁘다거나 하는 가치판단의 대상이 아니라는 것이다. 무엇을 위해서 힘을 확보하고 영향력을 행사하려고 하느냐, 그리고 어떤 방법으로 영향력을 행사하느냐에 따라 가치판단을 달리할 수 있을 뿐이다.

개인의 이익만을 추구하거나, 그 과정에서 부당하고 비도덕적인 방법을 사용할 때 그 정치 행위는 부정적으로 평가되어야 한다. 하지만 정치 행위로 자신의 영향력을 구축하고, 그것을 통해 사회나 조직의 개선을 이루려고 노력할 때는 이야기가 다르다.

조직 정치가 의미하는 것, 그리고 그것이 나에게 주는 파급 효과 등을 정확하게 이해하는 것은 매우 중요하다. 제대로 이해하고 대응하지 못하면 조직 정치로 인해 피해를 입을 수도 있기 때문이다. 특히 '조직 정치는 추잡한 것'이라는 막연한 생각을 가지고 있는 한 자신에게 필요한 힘을 축적하고 타인에게 선한 영향력을 행사할 수 있는 기회 자체가 차단된다.

　단순히 나의 일을 잘 해내기 위해서라도 힘은 필요하다. 힘은 단지 나의 뜻을 제대로 관철하기 위해서뿐만 아니라 나와 나의 사람을 지키기 위해서도 꼭 필요하다. 외부로부터의 부당한 압력이나 잘못된 가이드라인을 거부하면서 나와 나의 사람을 지킬 수 있는 힘! 조직 정치는 조직 생활을 제대로 하기 위해 필요한 힘과 영향력을 축적하고, 올바르게 행사하는 필수 덕목이라는 점을 먼저 이해해야 한다.

정치는 가치중립적 행위다

"제가 여성으로서 처음 이 직책을 맡은 사람이 됐지만 마지막 여성이지는 않을 것입니다. 왜냐하면 오늘을 지켜보고 있는 모든 소녀가 이 나라가 가능성의 나라라는 것을 알게 됐기 때문입니다."

　미국 역사상 처음으로 여성 부통령이자 흑인-아시아계 부통령이 된 카멀라 해리스는 수락 연설에서 이렇게 말했다. 여기에 화답하듯 미국 전역에서 어머니들이 수락 연설을 지켜보는 딸의 모습을 찍은 인증 숏을 트위터에 올렸다.

　조직 정치뿐만 아니라 정치 역시 그 자체로 가치중립적이다. 누구에게, 어떤 영향력을 미치는가에 따라 정치 행위에 대한 평가는 달라진다. 카멀라 해리스는 자신이 부통령이 됨으로써 이것이 미국, 아니 전 세계의 소녀들에게 어떤 의미가 있는지 이해하고, 그 의미를 명료하게 표현했다.

조직 정치를 포함해 정치라는 것 자체가 여성에게 더 어렵고 험난하다. 그렇다고 외면만 한다면 늘 힘과 의사결정권을 가진 타인(주로 남성)에게 휘둘리고 영향을 받는 상황을 벗어나기 힘들다. 영향력을 가지는 것은 최소한 나의 가치관과 영혼을 지키기 위해 필요할 뿐만 아니라, 나의 가치관과 사명을 따라 조직을 더 좋게 변화시키도록 하는 데도 필요하다.

당신이 일하고 있는 조직에 여성 리더가 희소하다면 그것은 많은 의미를 갖는다. 일단 승진 과정에서 여성이 차별받지 않는지 한 번이라도 되짚는 사람이 없다는 뜻이며, 조직 내 대부분의 구성원이 여성을 '리더감'으로 선뜻 생각하지 않는다는 뜻이다. 그런 조직에서라면 당신은 자신도 모르는 사이에 자신의 경력이나 진로에 대한 열망을 누그러뜨리면서 '소박한 조직 생활' '가늘고 길게 살아남기'로 마음이 기울었을지도 모른다. 혹은 조직에서 느껴지는 무의식적인 장애물을 수동적으로 받아들이면서 현실에 순응하고 있을지도 모른다. 이는 날개를 한껏 펼쳐서 날아보기도 전에 날개를 접어서 묶어버리는 것이나 마찬가지다.

일만 잘하면 상사가 알아줄 것이라는 생각, 일만 열심히 하면 회사에서 인정해줄 것이라는 생각은 신입사원에서 중간관리자가 되기까지는 통할 수 있다. 개인기로 버티는 마지막 시기가 신입사원 5년 차 정도다. 물론 그 이전부터 주변의 힘을 두루두루 활용할 수 있다면 더욱 성장할 수 있겠지만 활용하지 않는다고 손해를 보지는 않는다. 하지만 직급이 올라가기 시작하고 후배, 부하 직원이 생기면 '내 한 몸 건사하는 것'으로는 충분하지 않다.

조직 정치는 멘토링, 롤 모델, 네트워킹, 선한 영향력에 이르기까지 다양한 모습을 가지고 있지만, 요약하자면 내가 더 나답게 잘 일하고, 조직을 더 낫게 만들고, 성과를 내고, 나와 뜻이 맞는 사람들과 신나게 일하기 위해 조직 정치가 필요하다. 따라서 신입사원일 때부터 중간관리자, 임원급에 이르기까지 승진하는 동안 꾸준히 그 위치에 걸맞은 힘을 갖도록 노력해야 한다.

힘을 갖는다는 것은 '내 편'이 많다는 뜻이다. 내가 일을 원활히 하는 데 필요한, 그래서 반드시 협업해야 할 사람들의 명단을 작성해보자. 내가 앞으로 어떤 경력을 쌓아서 어떻게 성장하고 싶은지 그림을 그려보고 그 길을 가는 데 도움이 될 만한 사람들의 명단을 정리해보는 것이다. 그리고 차근차근 그 사람들과 관계를 맺어보자.

내 일을 잘하기 위해 도움을 받을 수도 있고, 상대방의 일이 잘되도록 내가 도와줄 수도 있다. 적극적으로 도움을 주고받으면서 신뢰와 존중을 축적해간다면 가장 든든한 내 편을 만들 수 있다. 특히 나와 뜻이 맞고, 가치관이나 업무 스타일에서 공통점이 많은 사람들을 사귀다 보면 자연스럽게 힘이 생기고 영향력을 확보할 수 있다.

● '나쁜 조직 정치'가 남녀에게 미치는 영향 차이

○ 조직 정치는 가치중립적인 개념이지만 일반적으로 부정적인 행동으로 나타나는 경우가 더 많다. 부정적으로 평가될 수 있는 조직 정치 행위, 즉 사회적으로 올바르지 않다고 여겨지는 행동인 조작이나 협박, 개인 이익 추구 행위 등이 이루어질 경우 남성과 여성이 이로 인해 느끼는 부정적인 감정이나 스트레스에 차이가 있는지를 분석한 연구가 있다.[23]

남녀 직장인 64명으로 하여금 매일 직장에서 일어나는 일을 기록하게 했는데 남성과 달리 여성은 '추잡한 조직 정치 행위'에 대해 더 높은 압박감을 느꼈고, 스트레스를 받았으며, 이는 결국 강한 부정적 감정으로 이어졌다. 여성은 사회적으로 부당하다고 여겨지는 조직 정치 행위에 대해 남성이 인식하는 것보다 더 나쁘다고 인식했으며 본인에게 미치는 압박감도 더 크게 느꼈다.

조직에서 이런 '추잡한 조직 정치 행위'가 일상적으로 일어나고, 이것이 평가 및 승진 등에 영향을 미친다면 이러한 조직은 여성에게는 아주 견디기 힘든 직장이다. 만약 자신을 둘러싼 조직이 그렇다고 판단된다면 늦기 전에 그 조직을 떠나기를 권한다. 여성이 스스로 '추잡한 조직 정치 행위'를 하기에는 너무 많은 에너지가 소모되므로 아예 게임의 판을 바꾸는 것이 낫다.

영향력을 축적하는 네트워킹

"조직에서 여성이 힘과 영향력을 축적하는 과정은 4단계로 나눠볼 수 있어요. 이름은 편의상 붙인 것으로 첫 번째 단계는 순수한 낸시, 두 번째 단계는 일 잘하는 그레타, 세 번째 단계는 전략적인 새라, 네 번째 단계는 정치적인 팸으로 나눌 수 있죠.

첫 번째는 자기 일에만 100퍼센트 몰입하는 단계입니다. 긍정적 혹은 부정적 경험으로부터 일을 배우는 데 집중하지만 주변에서 벌어지는 게임의 룰에 대해서는 무관심하죠.

두 번째는 능력 있다는 평판을 듣고, 관계의 중요성에 대해 어느 정도 인지하는 단계입니다. 자신의 경력개발에 관심을 가지며 비교적 좁은 네트워크를 갖고 있죠.

세 번째는 부하 직원에게 일을 시키고 관리하는 스킬을 익히며 멘토 또는 코치를 찾는 단계입니다. 자신의 경력개발을 도와줄 전략적 네트워크를 구축하려고 노력하죠.

네 번째는 개인으로서 영향력을 행사하고, 다른 사람을 멘토링하며 존재감, 신뢰감을 구축하는 단계입니다. 다른 사람을 이끌고, 또한 영감을 주는 단계죠."

〈포브스〉의 컨설턴트 보니 마르쿠스는 여성들이 조직 정치를 무시하면 쉽게 추락할 수 있다고 조언하면서 4가지 발전 단계를 제시한다.

신입사원에서 경력 4~5년 차에 이르기까지 자기 직무에 몰입하는 1단계, 대리급 또는 과장급으로 승진하면서 능력을 인정받는 2단계, 팀장으로서 팀원에게 일을 맡기고, 잘 해낼 수 있도록 동기부여를 하면서 자신의 경력관리도 해야 하는 3단계, 그리고 팀원을 이끌고 육성하면서 자신의 리더십 목표를 달성하기 위한 전략적 네트워크도 충분히 구축하는 4단계가 그것이다.

그렇다면 단계별로 수행하기에 적정한 네트워킹은 어떤 것일까? 크게 보면 1~2단계에서는 운영적 네트워킹, 3~4단계에서는 전략적 네트워킹을 할 필요가 있다. 여기에 최종적으로 개인적 네트워킹까지 보완하는 것은 일하는 여성으로 하여금 균형점을 잡게 해준다.

운영적 네트워킹Operational Networking

모든 직장인은 자신과 협업하는 사람들과 가급적 좋은 관계를 구축해야 한다. 자신에게 주어진 일을 수행하는 데 관계된 사람들, 즉 직접 보고를 주고받는 상사 및 부하 직원, 같은 부서 내 동료, 프로젝트를 지원하는 타 부서 동료 및 선후배 등을 '운영적 네트워크'라고 한다.

운영적 네트워킹의 목적은 당장 주어진 프로젝트를 성공

적으로 수행하기 위해 알아야 하고 신뢰를 쌓아야 하는 사람들 사이의 협력과 조정을 확보하기 위한 것이다. 운영적 네트워크는 범위가 대체로 분명하고 집중되어 있기 때문에 비교적 단순하지만 그렇다고 이 네트워킹이 언제나 쉬운 것은 아니다.

운영적 네트워킹은 직장인이 구축해야 할 가장 자연스러운 형태의 네트워킹임에도 불구하고 직장인 대다수는 프로젝트를 성공적으로 완수하기 위해 자신들에게 필요한 사람과 집단에 대해 잘 모르는 경우가 많다. 예를 들면 회계 담당 관리자 O씨는 어느 날 재무팀장으로 승진하면서 '최연소 여성 팀장'으로 주목을 받게 됐다. 그는 나이가 가장 어릴 뿐만 아니라 경험도 가장 적었다. 자신의 전문성을 제대로 보여주겠다고 결심한 그는 회사가 곧 상장 절차를 밟을 것이라는 사장의 언질에 부하 직원들을 총동원하여 회계장부 정리에 들어갔다.

6개월 동안 자신이 동원할 수 있는 모든 자원을 들여서 회계장부 정리 작업을 완수했지만 기업 상장 계획은 사장의 독단적인 생각일 뿐 대표를 비롯한 대부분의 이사회 구성원들은 반대하고 있다는 사실을 뒤늦게 알게 됐다. 장부 정리에 기울였던 노력과 자원은 헛수고가 됐고 그의 입지는 매우 불안정해졌다.

O씨는 자기 업무를 성공적으로 수행하는 데 필요한 네트워크를 제대로 파악하지 못했고, 이로 인해 큰 어려움을 겪게 됐다. 자기 업무를 열심히 할 줄만 알았지 그 업무를 둘러싼

전체적인 맥락, 중요한 정보의 흐름 등을 알아보지 못했던 것이다. 이런 실수를 하지 않으려면 신입사원 시절부터 자기 업무의 전후좌우를 살펴보는 훈련이 필요하다.

'나의 일은 어디서 와서 어디로 가는가? 우리 부서는 다른 부서와 어떻게 연결되어 있는가? 나의 일이 팀장에게 올라가서 어떻게 취합되고 그 일은 회사 전체에서 어떤 의미를 가지는가?' 자신의 업무를 입체적으로 파악하려는 노력을 꾸준히 하다 보면 일도 보이지만 사람도 보인다. 나의 일을 더 잘되게 도와줄 수 있는 사람, 중요한 정보를 확보하고 있는 사람 등 여러 사람과 차를 한잔하며 이야기를 할 기회를 만들어보자.

팀장이 되고, 부서장이 되면서 당신의 운영적 네트워크는 더 넓어지고 깊어질 것이다. 지금까지 쌓은 네트워크가 기반이 되면서 더 많은 정보와 지지와 응원을 획득할 수 있다.

전략적 네트워킹Strategic Networking

리더급으로 승진을 하면 자연히 네트워킹의 성격도 달라진다. 단순히 업무를 둘러싼 네트워킹에서 폭넓은 전략적 현안에 대해 관심을 가지는 수준으로 네트워킹을 업그레이드해야 한다. 다른 부서의 동료들과 사업부 관리자에 이르기까지 조직 전체의 큰 그림에서 어떤 사람들과 네트워킹해야 하는지 잘 파악할 필요가 있다.

기업의 리더급으로 승진하면 기업의 환경 변화에 따른 전략적 방향에 대해 생각하고 경영진 사이의 합의가 무엇인지 타진하고 설득하는 등의 노력이 필요한데, 이는 운영적 네트워킹의 범위를 넘어서는 일이다. 운영적 네트워킹에만 집중하다가 갑자기 고위관리자 수준으로 올라가면 적응하지 못하고 실수를 하는 이유가 바로 그것이다.

이사회, 고객, 규제 당국 등 외부인과의 연결고리, 전략적 방향 및 환경 변화 등의 현안은 대개 조직의 경영진이 다루고 있기 때문에 경험도 없고 훈련도 되어 있지 않은 관리자가 갑자기 적응하기가 쉽지 않다. 따라서 리더십 단계로 승진하려는 관리자는 자신의 네트워크를 외부로, 그리고 미래지향적으로 재조정해야 한다. 이런 '전략적 네트워킹'은 리더에게 개인적 목표와 더불어 조직 전체의 목표를 달성할 수 있게 도와주는 관계와 정보 자원을 제공한다.

물류 및 유통을 담당하는 팀장 P씨는 우수한 성과를 내며 승진을 거듭해왔다. 하지만 그는 CEO가 자기 부서에 대규모 구조조정을 단행하고 자신의 역할도 축소하는 계획을 가지고 있음을 알게 됐다. CEO의 판단은 그의 부서가 내는 성과를 기준으로 한 것이 아니라 세계 시장의 변화에 따른 것이었다. 그는 자신이 내는 성과와 그 성과에 따른 보상에만 집중했을 뿐 시장의 큰 흐름이 어떤지 알아채는 데 실패한 것이다.

그는 자기 부서 외의 사람들을 잘 알지 못했고, 조직 외부의 사람은 더더욱 알지 못했다. 황급히 컨설턴트를 고용하여 CEO의 계획에 대항하는 제안서를 올렸지만 '시야가 좁고 전문성이 부족하다'는 평가를 받으며 무시당했다. 그는 임원으로부터 코칭을 받은 이후에야 지금 상황에서 자신이 해야 할 일은 회사 안팎의 오피니언 리더들을 만나 자신의 계획안을 알리고 설득하는 것임을 깨달았다. 하지만 그는 오피니언 리더들을 거의 알지 못했다.

관리자와 리더를 구별 짓는 가장 중요한 특징은 바로 '어디로 가야 할지 방향을 정하는 것'과 '자신이 이끄는 사람들과 자신이 속한 조직이 그곳에 이를 수 있도록 만드는 것'이다. 자신의 방향성에 동조하는 세력과 공감하는 사람들을 자기편으로 만들면서 정치적 지형을 진단하고, 연결되어 있지 않은 주체들을 끌어들이는 것이 바로 리더가 할 일이다.

이런 네트워킹은 하루아침에 만들어지지 않는다. 꾸준히 중요한 정보를 습득하기 위해 노력하는 과정에서 사람도 만나고 관계도 형성되는 것이다. 당신의 시야를 멀리, 높이, 넓게 확장하는 연습을 할 필요가 있다.

개인적 네트워킹Personal Networking

관리자로서 뛰어난 능력을 발휘했던 Q씨는 경영진으로 승진한 후에도 지나치게 운영적 네트워킹에 집중하다 오히려 위기에 직면했다. 이런 문제 때문에 경영진에 들어간 임원들 다수가 조직 외부의 네트워킹으로 눈을 돌리게 된다. 그러면서 자신의 지식과 시야가 너무 제한적이어서 외부 사람들과 대화를 이어가는 것이 어렵다고 느끼고 공부를 시작한다.

그들은 최고경영자 과정, 콘퍼런스, 전문가 협회, 동문 그룹, 개인적인 이해관계 커뮤니티 등을 통해 자신의 경력을 발전시키기 위한 새로운 시각을 얻으려고 노력한다. 이것이 바로 '개인적 네트워킹'이다.

많은 관리자가 왜 당장의 업무와 직접적인 관련이 없는 활동에 귀한 시간을 투자해야 하는가에 대해 의문을 가졌다. 급한 업무를 처리하기에도 시간이 부족한 때에 왜 개인적 인맥을 넓히기 위해 노력해야 할까? 이런 접촉은 중요한 업계의 변화, 새로운 정보, 그리고 종종 코칭과 멘토링과 같은 경력을 발전시키는 데 도움이 된다.

예를 들어 새로 임명된 사업부 대표 R씨는 공장을 '회생시킬 수 없으면 폐쇄시켜야 하는' 어려운 상황에 직면했다. 그는 자신의 공장 회생 계획에 도움이 될 법률 자문을 받으면서 본사에서 자신과 비슷한 위기를 경험한 적이 있는 사람을 찾았다. 그는 2명의 멘토를 발견했고 그들을 찾아가서 경험을 전수받고 조언을 들으면서 자신의 문제 해결에 필요한 상당한 도움을 얻었다.

개인적 네트워크는 전략적 네트워킹을 위한 초석을 제공하고, 개인적 발전을 가능하게 하는 안전한 공간으로 활용할 수 있다. 자신에게 부족한 부분을 외부의 개인적 네트워크를 통해 보충할 수도 있다. 유용하고 정보가 풍부한 개인적 네트워크를 가지고 있다면 전략적 네트워크를 구축하는 데 큰 도움이 된다. 따라서 유능한 관리자들은 자연스럽게, 그리고 정당한 방법으로 자신의 운영적 네트워크를 개인적 네트워크로 확장한다.

그러나 궁극적으로 개인적 네트워크는 그 자체만으로 관리자를 리더로 만들어주지는 못한다. 개인적 네트워킹으로 유용하고 많은 지식을 얻을 수 있지만 조직의 전략적 목표를 달성하는 데 도움을 주지 못한다면 소용이 없다. 개인적 네트워킹은 관리자가 이를 조직의 전략에 도움이 되는 방향으로 연결할 수 있을 때 리더십을 확보하는 데 도움을 준다.

운영적·개인적·전략적 네트워크는 서로 배타적이지 않다. 어떤 수준의 네트워크를 구축하든 자신의 목표와 조직의 목표를 잃어버리지 않도록 유념해야 하고 미시적이고 단기적인 업무 수행뿐만 아니라 시장의 변화, 전략적 방향 등에 대해서도 생각해야 한다. 이를 바탕으로 이루어지는 네트워킹은 전략적 가치를 지닌다. 결코 개인적인 성향이나 호불호가 전략적으로 필요한 관계를 만들어나가는 일을 방해하거나 제한하게 해서는 안 된다.

● 조직 정치가 어려운 여성에게 필요한 3가지 방법

○ 〈하버드비즈니스리뷰〉 2012년 3월호에서는 조직 정치를 어려워하는 여성을 위해 3가지의 실용적인 방법을 제시하고 있다. 첫째는 지도 그리기다. 대부분의 조직에는 공식적인 위계 외에 중요하지만 비공식적인 사회 네트워크가 있다. 조직의 큰 문제

를 해결하기 위해 범기능적 TF팀에서 능력을 발휘하고 있는 전문가가 있는가? 그렇다면 그런 사람들을 만나고 그들이 가진 영향력의 범위를 이해하라. 당신이 어떤 결정을 내리고 싶을 때 도움을 줄 수 있는 비공식 팀이나 동맹이 그런 사람들이다.

둘째는 칩을 현금으로 바꾸기다. 여성은 힘 있는 사람에게 도움을 청하거나 좋은 관계를 맺는 것에 대해 거부감을 느낀다. 평소에 관계를 잘 만들고 가꾸어나가는 것에 대해 소극적이다가 필요할 때 갑자기 찾아 나서는 방식으로 문제를 해결하려 한다. 힘 있는 사람을 찾고, 도움을 주고받으며 관계를 형성하는 것. 그리고 그 호의적 관계를 때때로 활용하는 것(현금화)이 필요하다.

셋째는 자신을 멋지게 홍보하기다. 여성이 자신의 능력만으로 고위직에 오를 수 있다고 믿는다면 그것은 순진한 생각이다. 자신의 능력을 인정하고 기꺼이 후원자가 되어 승진할 수 있도록 도와줄 사람이 없다면 당신이 고위직에 오를 가능성은 매우 희박하다. 자신의 관점을 명확히 하고, 플랫폼을 구축하고, 여기에 후원자 및 지지자들을 배치하면서 자신을 돋보이게 전략을 펼칠 수 있어야 한다. 한 번에 안 되면 처음부터 다시 반복하여 시도한다.

야망 마인드 리셋하기

야망을 실현하고 싶은 여성이라면 조직생활을 어떻게 해야 할까? 어떻게 하면 호감도의 덫에 걸리지 않고, 나의 정체성을 유지하면서 스마트하게 성장할 수 있을까? 야망을 실현하고 싶은 여성이 갖추어야 할 마인드 몇 가지를 소개한다.

마인드 1. 혼자서는 멀리 갈 수 없으니 협업하라

조직에서 여성들이 흔히 빠지기 쉬운 오류 중 하나는 '내게 주어진 일을 잘하면 인정받고, 승진할 수 있으리라 믿는 것'이다. 그래서 여성들은 자신에게 주어진 일을 기한 내에 정확하게, 우수하게 잘 해낸다. 물론 이것도 중요하다. 하지만 아무리 똑똑하고 지식이 풍부한 사람도 일을 혼자서 다 해낼 수 없다.

혼자 일을 해결하는 버릇을 가진 사람은 복잡한 문제에 직면할수록, 직위가 올라갈수록 해결 능력이 떨어지고 성과 부진에 시달릴 가능성이 높다. 그리고 주변으로부터 나쁜 평판을 듣고 있을 가능성도 높다.

조직 안팎에서 꼭 필요한 도움을 받고, 협력하는 것은 여러 모로 장점이 있다. 더 좋은 성과를 낼 수 있을 뿐만 아니라 리더로서 꼭 필요한 덕목인 네트워크를 형성하는 지름길이다. 리더는 혼자 성과를 내는 사람이 아니라 다른 사람에게 동기 부여를 하고, 조직 안팎의 꼭 필요한 자원을 활용함으로써 최고의 성과를 내는 사람이기 때문이다.

글로벌 헤드헌터사의 S상무는 1998년 한국지사가 설립된 이후 한국에서 배출한 두 번째 임원이다. 본사의 엄격한 임원 승진 기준 때문에 임원이 되는 것이 쉽지 않았다. 하지만 S상무는 코치의 조언에 따라 한국양성평등교육진흥원 여성 인재 아카데미에서 6주 동안 고위관리자 역량강화 교육을 받았고, 업무 몰입에만 치중해 있던 자신을 발견하게 됐다. S상무는 리더십 자기인식, 변화관리 글로벌 전략, 상생의 협상 리더십, 성과관리 코칭 등 다양한 교육을 통해 다른 사람과 함께 성과를 내는 방법을 알게 됐고 새로운 업무 방식에 눈을 뜨는 과정을 겪었다.

이후 임원 승진에서 요구되는 '10명의 추천인'을 성공적으로 내세울 수 있었고 마침내 임원 승진이라는 목표도 이루었다. 10명의 추천인에는 상사, 동료 및 부하 직원, 해외 지사 소속 직원이 포함되어 있었는데 그들의 진심 어린 추천과 높은 평가가 승진을 이뤄낸 필수 항목이었다. 여성의 경우 자신의 직무성과에는 높은 열의를 갖지만 주변 구성원과의 협업, 부하 직원에 대한 코칭, 해외 지사 직원에 대한 업무 협조 등에서는 열의가 부족하기 쉬워 이러한 취약점을 보완한 것이다.

글로벌 헤드헌터사에서 임원 승진 조건으로 10명의 추천인을 내세운 것은 '협업(을 통한 네트워킹)의 중요성'을 보여주는 단적인 예다.

마인드 2. 주위에 먼저 베풀라

앞에서 네트워크의 중요성을 설명했다. 네트워크에 필요한 가장 중요한 마음가짐은 상대방에 대한 이해와 배려다. 네트워크를 구축한다는 의미를 타인이 가진 힘이나 자원을 활용하는 것으로만 이해하는 사람이 있다. 이는 잘못된 생각이다.

인간관계는 서로의 필요를 인식하고 있을 때 제대로 맺어질 수 있다. 따라서 내가 상대에게 해줄 수 있는 것이 무엇인지 먼저 생각하고 실행해야 한다. 관계를 구축하는 데 내가 먼저 시간과 에너지를 투자하라는 의미다. 그것도 기쁘게, 진심으로 우러나서 해야 한다.

베풀기 위해서는 그 사람에 대해 깊이 이해하려고 노력해야 한다. 그리고 그 사람에게 꼭 필요한 것이 무엇이며, 내가 그에게 해줄 수 있는 것이 무엇인지 생각해야 한다. 상대가 무언가가 필요하다고 이야기할 때, 심지어 요청하기도 전에 내가 그것을 베푼다면 상대는 나에 대해 좋은 인상을 받을 것이다. 그리고 언젠가 내가 그의 도움이 필요할 때 상대방은 그것을 갚으려고 노력할 것이다.

주변 사람에게 먼저 실천해보자. 부하 직원에게 어려운 점이 없는지 살펴보고 그것을 해결하는 데 도움을 주자. 내가 가진 노하우를 전수해줄 수도 있고, 좋은 코치를 소개해줄 수도 있다. 후배를 성장시키는 선배가 되는 것은 멋진 리더가 되는 지름길이다. 나의 도움을 받으며 성장한 후배는 나중에 든든한 후원자가 될 것이기 때문이다.

나와 업무 연관성이 밀접한 다른 부서 사람을 만나 대화를 나누며 내가 해줄 수 있는 것을 먼저 제안해본다. 주변 사람들이 성공할 수 있도록 진심으로 돕는다면 나에게도 성공의 기회가 주어진다.

마인드 3. 일대일로 계산하지 말라

사람은 타인과의 관계를 맺으면서 무의식적으로 '공정의 저울'로 계산한다. 친구가 약속 시간에 늘 늦거나, 밥값을 한 번도 내지 않거나 하면 그 친구와의 관계는 더 이상 진전되기 어렵다.

공정의 저울은 너무 엄격해서도 안 되고 너무 대범해도 안 된다. 즉 타인과의 관계를 이어나가면서 '주고받는 호의'에 대해 지나치게 엄격하게 계산하면 좋은 관계로 발전하기 어렵다. 또한 "친구니까 이 정도는 괜찮겠지" 하며 친구의 호의를 당연한 듯 받는 것도 관계를 지속할 수 없게 만든다. 모든 관계는 호의를 주고받는 과정에서 적절한 균형점을 이룰 때 지속될 수 있고, 또 발전할 수 있다.

일대일로 유지되는 친구와의 관계와 달리 조직에서 업무로 이어지는 관계는 일대다의 관계다. 조직에서는 다양한 부서의 사람들과 갖가지 형태로 관계를 맺게 된다. 누군가에게는 도움을 받고, 누군가에게는 도움을 줄 것이다. 물론 도움을 받았으면 감사를 표해야 하겠지만 호의를 주고받을 때 항상 균형이 맞을 수는 없다. 내가 누구에게 얼마나 해주었고 얼마나 빚을 졌는지가 서로 맞아떨어지지 않는다는 의미다.

조직의 네트워크에서 주고받는 것은 일대일로 계산할 수 없다. 내가 누군가로부터 큰 도움을 받았는데 그에게 똑같은 크기의 도움을 주지 못할 수도 있다. 마찬가지로 내가 누군가에게 큰 도움을 주었지만 그만큼 도움을 받지 못할 수도 있다. 그것은 중요하지 않다. 네트워크에 속한 사람이 나에게 도움을 청하면 최선을 다해 돕고, 나도 도움이 필요할 때 요청하면 된다.

대체로 여성은 남성보다 다른 사람에게 부탁하고 신세 지는 것을 더 부담스러워한다. 그래서 부탁을 하지도 않고, 부탁을 잘 들어주지도 않는 '깔끔한 관계'를 선호한다. 본인은 '깔끔하다'고 생각하겠지만 상사에게는 '네트워크 형성을 하지 못하는 사람'으로 비칠 가능성이 높다. 일대일의 계산 방법도 여성에게 더 많이 나타나는 편이다.

신세를 지면 그 사람에게 꼭 갚으려 하고 내가 도움을 준 사람에게 그만큼 받아야 한다고 생각한다. 도움을 받은 사람에게 감사를 표하고 도움을 주려고 하는 것은 당연하지만 '지나친 계산'은 상대에게 그대로 전달되어 깊은 유대감이 생기는 것을 방해한다.

마인드 4. 네트워크는 사용하면 할수록 강해지는 근육과 같다

자신이 쌓은 인맥을 다른 사람에게는 알리지 않고 아껴두었다가 자신이 꼭 필요할 때 사용하겠다고 생각하는 사람이 많다. 부탁을 하고 도움을 받으면 네트워크의 활용 가능성이 줄어든다고 여기기 때문이다. 하지만 네트워크 전문가들은 사용할수록 강해지는 것이 바로 네트워크라고 강조한다. 나의 네트워크를 다른 사람의 네트워크와 공유할 때 네트워크의 힘은 2배가 아니라 4~5배가 된다.

하지만 한 가지 명심해야 할 것이 있다. 네트워크의 증대는 올바른 네트워크 행동을 할 경우에 해당되는 원칙이다. 즉 네트워크를 활용할 때는 '긍정적인 행동'을 해야 하고, 그런 경우에 한해 네트워크는 더욱 공고해진다는 의미다.

긍정적인 네트워크 행동이란 무엇인가? 예를 들면 중요한 프레젠테이션을 앞두고 있는 후배를 도와주고, 리허설 때 청중 역할을 하면서 조언이나 비판을 해주는 것, 고맙다는 인사를 받을 생각 없이 부하 직원에게 상담을 해주거나 용기를 북돋아 주는 것, 다른 부서 동료에게 부정적인 영향을 미칠 수 있는 보고서에 관해 미리 주의를 주거나 귀찮고 힘든 일을 대신해주는 행동 등을 말한다.

도움을 청할 때도 상대의 체면을 깎아내리는 결과를 초래하는 것, 불가능한 일을 되게 해달라고 억지로 졸라대는 것, 무능한 사람을 소개하거나 옹호하는 것, 경쟁자의 진입을 강제로 막아달라고 하는 것, 그리고 법률에 저촉하는 행위를 부탁하는 것 등의 행동을 해서는 안 된다. 올바른 운동법으로 근력운동을 해야 근력이 제대로 강해지는 것과 같은 이치다.

마인드 5. 목마르기 전에 우물을 파라

70여 개국의 CEO를 친구로 두었다는 슈퍼 네트워커 하비 매케이는 자신의 저서《목마르기 전에 우물을 파라》에서 적절한 사례를 들어 이에 대해 설명한다. 그의 골프 친구는 "10년 동안 연락이 없던 친구가 새벽 2시에 전화를 걸어와서 자신이 파산 지경에 빠졌으니 2만 달러를 빌려달라고 부탁했는데 설사 내가 돈이 있어도 그에게는 빌려줄 수 없다"고 말한다. 그에게 전화했던 친구는 목이 타서 죽을 지경인데 파놓은 우물이 없는 경우의 사례다.

중간관리자 또는 임원이 될 무렵 네트워크를 구축하면 될 것이라고 생각하고 미룬다면 큰 오산이다. 우물을 파는 데는 시간과 노력이 필요하기 때문이다. 현재 네트워크에 관심을 가지고 있지 않거나, 있어도 노력을 하지 않고 있다면 당장 실행해야 한다.

전문가들은 네트워크를 형성하기 전에 목표가 분명해야 한다고 조언한다. 나의 꿈, 나의 목표, 나의 사명이 무엇인지 먼저 분명히 할 필요가 있다는 것이다. 이는 우물을 파기 전에 어디에, 어느 정도의 폭과 깊이로 팔 것인가를 정하는 것과 같다. 특정한 분야의 전문가가 되어서 CEO 자리에 오르는 것을 목표로 하는가, 아니면 일정한 수준의 경험을 쌓아서 다른 분야로 경력을 전환하는 것을 목표로 하는가?

 꿈이 분명해지면 그 꿈을 이루기 위한 네트워킹을 곧바로
시작해야 한다. 그 분야에서 최고는 누구인가, 롤 모델은 어
떤 사람인가, 중요한 정보를 갖고 있는 사람은 누구인가, 중
요한 트렌드는 무엇이며 그 트렌드를 이끌어가는 사람이나
기관은 누구인가? 이런 질문을 던지며 목록을 작성하고 가장
작은 범위에서, 가장 가까운 사람부터 시작해보는 것이다.

 사실 네트워크의 힘은 대단해서 서로 모르는 사람끼리 이
어주는 것이 그리 어렵지 않다. 연구에 따르면 일면식이 없는
사람들끼리 연결하는 데 거치는 단계가 미국에서는 6단계,
한국에서는 4단계가 조금 넘는다. 즉 6명쯤 아는 사람을 거치
면 광대한 미국 땅에서조차 서로 연결이 가능하다는 것이다.
우리나라 사회학자들이 국내 사람들을 대상으로 시행한 실
험에서는 4.2단계가 나왔다. 서울이나 경기 지역에 전체 인구
의 절반이 살고 있다는 점을 감안하면 모르는 사람끼리의 연
결에 필요한 단계는 더 줄어들 것이다. 그러므로 아무리 멀게
느껴지는 사람과도 연결될 수 있다는 자신감을 가지자.

마인드 6. 상사의 고민이 무엇일지를 생각하라

좋은 상사를 만나기는 쉽지 않다. 하지만 상사를 좋은 상사로
만드는 방법은 있다. 상사의 고민이 무엇일지를 하루에 한 번
씩 10분만 생각해보자.

 국내 굴지의 대기업에서 대표이사까지 지내고 은퇴한 T씨
의 이야기다. 사원 시절 기획실로 발령받았는데 주요 업무가

회장님, 사장님 스피치 작성이었다고 한다. 명색이 대기업 기획실인데 모든 직원이 스피치를 어떻게 작성하느냐에 매달려 있는 것을 보고 T씨는 생각했다. '우리 실장님은 무기가 없구나. 이런저런 행사의 스피치만 작성하는 부서의 리더에게 누가 귀를 기울여줄까?'

어느 날 자신의 상사인 '기획실장'에게 무기를 쥐어줘야겠다는 생각이 들었다. 일본 지사에 연락해 기업의 전략과 관련된 책을 모두 사서 보내달라고 요청했다. 얼마 지나지 않아 기업이 속해 있는 해당 산업의 전망, 경쟁자 분석, 글로벌 동향 등을 다룬 전 세계에서 출판된 책 150권이 기획실에 도착했다. 그때부터 2개월 동안 이 책들을 파고들었고, 마침내 '전략 보고서'를 작성할 수 있었다. 이 전략 보고서는 기획실장의 '무기'가 됐고 그룹 계열사 임원 모두가 갖고 싶어 하는 전략적 자료가 됐다.

상사뿐만이 아니다. 나의 사수는 무엇을 고민하고 있는지, 우리 기업의 대표이사는 무엇을 고민하고 있는지 등 하루에 한 번씩 이런 생각을 하다 보면 자연스럽게 내가 무엇을, 어떻게 해야 하는지 방향성이 나온다.

마인드 7. 조직에서 존재감을 축적하라

모임이든 회의든 어떤 사람이 나타나면 모두 주목하는 경우가 있다. 이를 흔히 존재감이 있다고 표현한다. 개인의 성격이나 지위, 역할 등에 따라 존재감 정도는 달라질 수 있다. 개

인적인 모임에서라면 개인의 선택에 따라 존재감을 드러내거
나 아니면 아예 희미하게 만들 수 있다. 이는 개인의 선택 영
역이다. 그런데 이 존재감이 조직과 연결되면 조금 의미가 달
라진다.

직장에서 어느 구성원이 얼마만큼의 존재감을 갖는, 즉 공
적 존재감은 때로 그 구성원의 역량, 권능, 이미지 등과 연결
된다. 그래서 조직이라는 공적 환경에서 갖는 개인의 존재감
은 실력일 수도 있고, 자산일 수도 있다.

여성은 대체로 공적인 자리에서 자신의 존재감을 최대한
축소하려는 경향이 있다. 회의실 탁자에서 가장 눈에 띄지 않
는 자리에 앉거나, 뒷자리에 숨듯이 앉았다가 회의가 끝나면
조용히 빠져나가기 일쑤다. 공식 행사에서도 가장 뒷자리에
앉으려는 경향이 있다.

그 자리에 참석하지 않았으면 모르겠지만 일단 갔다면 존
재감이 있어야 한다. 막내 구성원으로 갔다면 막내답게, 회의
의 코디네이터로 갔다면 코디네이터답게, 중간관리자로 갔다
면 중간관리자답게 공적 존재감을 가져야 한다. 당신의 존재
자체를 아무도 주목하지 않고, 기억도 하지 않을 거라면 차라
리 그 자리에 가지 말고 읽고 싶은 책을 읽거나 자신이 좋아
하는 음악을 듣는 것이 낫다.

공적 존재감은 그냥 주어지지 않는다. 준비하고 노력해야
쌓을 수 있다. 회의 구성원으로 참석했다면 그 주요 안건을
미리 숙지하고 의견을 준비해서 가야 한다. 당신을 회의 참석
자로 부른 이유가 있을 것이다. 그에 합당하게 준비하고 의견

을 발표해서 부가가치를 만들어내야 한다. 젊은 세대의 신선한 시각이 필요해서 막내 사원을 불렀다면 그에 맞게 새롭고 톡톡 튀는 아이디어를 준비해서 참석해야 한다.

발표할 때는 자신감 있는 자세와 또렷한 발음으로 자신의 의견을 명료하게 전달하라. 잠깐이더라도 그 순간에는 회의실을 지배한다는 기분으로 어깨를 쭉 펴고 자신감 있게 발표해야 한다. 이렇게 준비하고 발표하는 경험이 쌓이면 당신은 어느새 회사의 '유망주'라는 타이틀을 획득할 것이다.

자꾸만 망설이는
제 마음을 어찌할까요

저는 대학 졸업 후 잠시 직장생활을 하다가 결혼을 하면서 그만두었습니다. 허니문 베이비가 생기면서 입덧이 심해 일할 엄두가 나지 않더군요. 그렇게 전업주부로 10년을 살았습니다. 이젠 남편과 아이들이 제 인생의 전부예요.

그러다 몇 년 전 대학원 공부를 시작했습니다. 내 일을 하는 자랑스러운 아내이자 엄마가 되고 싶었거든요. 내년에는 창업학 박사가 되어 사회에 다시 복귀할 계획입니다. 그런데 어찌된 일인지 해야 할 일들을 자꾸 미루게 됩니다. 아직 준비가 안 되었다는 생각에 박사 논문 제출도 미루고 있어요. 사실 박사학위를 받는다고 해도 전문가로 활동할 자신이 없습니다. 저는 직장 경력도 짧고 창업 경험도 없는데 사람들이 저를 인정해줄까요? 해외 유명대학 박사도 아닌데 기회가 올까요? 해야 할 일들 앞에서 자신이 없어지고 자꾸만 망설이는 제 마음을 어찌할까요?

– 자기 의심 속에서 괴로운 U

U님, 많이 힘들지요? 우선 안락한 가정을 벗어나 어려운 도전을 하는 U님에게 박수를 보냅니다. 전업주부의 정체성을 버리고 전문가로 도약하는 것은 쉽지 않은 일입니다. 그러니 너무 자책하지 마세요. 그리고 박사학위를 받는 것 또한 대단히 힘든 과정입니다. 적지 않은 시간이 걸리는 일이니 너무 조급해하지 말기 바랍니다.

학위를 받은 뒤 어떤 일이 펼쳐질지는 알 수 없어요. 하지만 미래에 대한 걱정 때문에 지금까지 해온 일이 수포로 돌아가지 않기를 바랍니다.

여성들을 코칭하다 보면 남성과 구분되는 성격 특성이 보입니다. 그중 하나가 완벽주의입니다. 심리학자 돈 하마체크는 완벽주의를 2가지로 분류했습니다. 합리적인 기준을 추구하며 진정한 만족을 느끼는 것은 정상적 완벽주의입니다. 하지만 도달하기 어려운 기준을 세워 실패를 두려워하고, 타인을 실망시킬까 봐 걱정하며 일을 시작하기 전부터 불안해하는 모습을 보이는 것은 신경증적 완벽주의입니다.

심리학자 폴 휴이트와 고든 플레트는 대인관계적 측면에서 완벽주의를 3가지로 분류했습니다. 먼저 자기지향적 완벽주의는 자신의 행동에 대해 스스로 까다로운 기준을 설정하고 엄격한 평가와 판단을 내리는 것을 말합니다. 다음으로 타인지향적 완벽주의는 비현실적인 기준을 타인에게 설정하여 그들의 행동을 엄격하게 평가하는 것을 의미합니다. 마지막으로 사회부과적 완벽주의는 타인이 자신에게 비현실적으로 높은 기준을 가지고 있으며 자신은 그 기대를 충족하기 위해 완벽해야만 한다고 여기는 것입니다.

완벽주의는 불안, 우울, 사회불안[24]과 연관된 것으로 알려져 있습니다. 완벽주의자는 도달하기 힘든 기준을 세우기 때문에 그 기준을 충족하기 어려워 불안해합니다. 완벽주의가 사회불안에 영향을 미치는 데에 핵심적인 중간 역할을 하는 것은 자기 자신에 대한 태도입니다. 완벽해야만 한다는 생각은 성공한 경험도 실패로 여기게 하고, 자신의 능력을 의심하게 해 사회불안을 심화할 수 있다는 논리입니다.

실제로 완벽주의 성향이 높은 사람은 수치심을 많이 경험하며, 자기지향적 완벽주의와 사회부과적 완벽주의가 강할수록 자신의 모습을 있는 그대로 수용하기 어려워하는 것으로 나타났습니다. 선행 연구에 따르면, 여성은 남성에 비해 자기지향적 완벽주의 성향을 강하게 보였습니다.

여성이 남성과 구분되는 또 하나의 성격적 특성은 부정적 평가에 대한 두려움입니다. 이는 다른 사람에게 부족하게 보이거나 부적절하게 평가되어 거절당할 것에 대한 두려움입니다. 부정적 평가에 대한 두려움이 있는 사람은 타인에게 인정받아야 한다고 믿고, 완벽에 가까운 기준에 도달해야 한다고 생각합니다. 또한 불안해지는 것을 지나치게 염려하는 경향이 있습니다. 다수의 연구에서 여성은 남성에 비해 부정적 평가에 대한 두려움이 유의하게 높게 나타났습니다.

부정적 평가에 대한 두려움을 가진 사람은 다음과 같은 질문에 '그렇다'고 대답합니다.[25]

① 사람들이 나를 어떻게 생각하는지가 중요하지 않다는 것을 알면서도 걱정한다.
② 사람들이 나의 결점을 알아차릴까 봐 자주 걱정한다.
③ 사람들이 나를 인정해주지 않을 것 같아 걱정한다.
④ 누군가와 이야기할 때 그가 나에 대해 어떤 생각을 하고 있을지 염려한다.
⑤ 말실수를 하거나 일을 잘 못할까 봐 걱정하는 편이다.

이 시대의 여성들은 '퍼펙트 걸'이 되어야 한다고 믿습니다. 외모뿐 아니라 출중한 실력 등 모든 면에서 부러움을 사는 이른바 '엄친딸'이자 '사기캐'가 되고 싶어 합니다. 왜 그럴까요? 부모님 말씀 잘 듣고 공부 잘하는 착한 딸이 돼야 한다고 배우며 자랐기 때문입니다.

사람들은 결혼을 하면 좋은 아내와 헌신적인 엄마가 되어야 한다고 말합니다. 온갖 대중매체가 사회적으로도 성공하고 자식도 명문대에 보낸 워킹맘들을 소개하며 '당신도 이 여성처럼 되어야 한다'고 끊임없이 말하기 때문입니다. 하지만 그것은 환상이자 허상일 수 있습니다.

U님은 신경증적 완벽주의 성향이 있는 것 같네요. 자신에게 높은 기준을 들이대고 타인이 자신에게 높은 기대를 할 거라는 부담감이 있는 것 같습니다. 어떤 일을 할 때 사람들이 나를 이상하게 보면 어쩌나 하는 걱정이 많네요. 그래서 해야 할 일들을 계속 미루는 것입니다. 미래에 대한 불안과 걱정이

앞서니 진도가 나갈 리 없지요.

변화의 출발점은 자신이 완벽주의와 부정적 평가에 대한 두려움에 발목이 잡힌 사실을 인정하는 것입니다. 어떤 일이든 문제를 인식하는 게 필요하니까요. 그다음은 완벽주의나 부정적 평가와 관련한 두려움의 근원을 생각해봅니다.

가정환경이나 사회화 과정에서 경험했던 일이 원인일 수 있습니다. 완벽주의 성향의 부모는 자녀에게도 완벽주의를 요구합니다. 학창 시절에 친구들 앞에서 들은 교사의 비난이나 꾸중이 트라우마로 작용할 수도 있습니다. '여자는 이래야 한다'는 성 고정관념이나 성역할 고정관념이 원인일 수도 있습니다.

원인을 파악했다면 그 경험들을 객관적인 시각으로 재평가하고 새로운 마음가짐으로 임해야 합니다. 당신은 완벽하지 않아도 사랑받고 존중받을 자격이 있습니다. 당신이 거절을 당했다면 그것은 당신의 제안이나 의견에 대한 거절이지 당신 자체에 대한 거절은 아닙니다.

파브르는 곤충이어서 《파브르 곤충기》를 썼나요? 남성은 애를 낳을 수 없으니 산부인과 의사가 되면 안 될까요? 약점이 있다면 그 약점을 무력화할 강점을 개발하세요.

저도 경력개발에 관한 책을 쓸 때 모 출판사 대표에게 "당신은 성공한 임원이 아니기 때문에 그런 책을 써도 팔리지 않는다"라는 이야기를 듣고 처음에는 심하게 좌절을 했습니다. 하지만 거기서 멈추지 않고 대학원 공부를 하며 학문적 기반을 강화했습니다. 또한 제가 운영하는 코칭 프로그램에서 효과가 검증된 내용으로 글을 쓰면서 실제 사회적으로 성공한 여느 임원의 글보다 더 현실적이고 객관적이라는 평가를 이제는 듣게 됐습니다.

그러니 U님도 뚜렷한 차별화 포인트를 만들어보세요. '경력 단절 여성을 위한 창업전문가'라는 브랜드는 어떨까요? 약점을 강점으로 만드는 역전 드라마를 써보세요. 남들의 입방아엔 (가수 양희은처럼) '그러라 그래'라고 외치세요. 내 인생에서 중요하지 않은 사람들의 평가에 일희일비할 필요가 없습니다.

박사학위를 받는다고 모든 기회의 문이 활짝 열리는 것은 아닙니다. 하지만 갈고닦은 전문성이 무기가 될 수 있습니다. 그러니 미래에 대한 불안은 접어두고 지금 해야 할 일에 집중하세요. 자기 의심에 빠져 허우적거리지 말고 액셀러레이터를 밟아 속도를 높이세요. 열릴 때까지 두드리면 언젠가 문은 열립니다. U님은 분명 할 수 있을 겁니다.

에필로그

사실은 야망을 가진 당신에게

"소년이여, 야망을 가져라!" 이 말을 들어보지 못한 사람은 없을 것이다. 하지만 그 유래와 뜻을 제대로 아는 사람은 드물다. 이 말은 일본 홋카이도대학교의 전신인 삿포로농업학교의 초대 교장이었던 세계적인 식물학자 윌리엄 클라크가 1877년 학교를 떠나며 자신의 고별사에서 한 말이다.

그는 왜 이런 말을 했을까? 그리고 이 말의 의미는 무엇일까? 원문을 살펴보면 그 답을 알 수 있다.

"소년이여, 야망을 가져라. 돈을 위해서도 말고, 이기적인 성취를 위해서도 말고, 사람들이 명성이라 부르는 덧없는 것을 위해서도 말고, 단지 인간이 갖추어야 할 모든 것을 얻기 위해서…. Boys, be ambitious, not for money, not for selfish accomplishment, not for that evanescent thing which men call fame. Be ambitious for attainment of all that a man ought to be."

당시 클라크의 제자였던 일본의 개신교 사상가 우치무라

간조는 여기서 말하는 '소년'이란 단순히 젊은 남성을 지칭하는 것이 아니라 '희망을 위해서 전진하는 모든 사람'이라고 해석했다. 그리고 클라크가 독려했던 야망은 인간이 갖추어야 할 모든 것을 추구하는 야망이다. 하지만 돈과 성취 그리고 명성을 추구하는 야망도 나쁜 것은 아니라고 생각한다. 이를 통해 누군가를 도울 수 있다면 그 또한 의미 있는 일이다.

이 책은 자신의 내면에 야망이 있지만 이를 깨닫지 못하고 억눌러 온 여성들을 위한 것이다. 만약 이 책을 읽으면서 자신의 내면에 잠들어 있던 야망을 확인했다면 그것을 감추지 말기를 바란다. 그리고 그 야망을 어떻게 실현할지 구체적으로 고민해보길 바란다.

그동안 포기했던 일에 도전하거나 마음 깊이 감추어놓았던 일을 하나씩 시도해보는 것도 좋다. 그 과정에서 우리는 '욕심이 많다, 이기적이다, 나댄다, 드세다, 뻔뻔하다' 등의 비난에 직면할 수 있다. 하지만 너무 좌절하지 말자. 당신의 야망을 응원하는 사람들 또한 분명 존재할 테니까.

이 책의 마지막 장을 덮으며 야망을 가진 여성들에게 당부하고 싶은 3가지가 있다.

첫째는 여성들과 연대하라는 것이다. 여왕벌 신드롬이나 '여적여(여자의 적은 여자)' 현상이 현실에서 나타나는 이유는 원래부터 여성들이 서로를 적대해서가 아니다. 여성에게 허

락된 파이가 턱없이 작기 때문이다. 더 많은 여성 리더가 활동한다면 이런 현상은 자연스럽게 사라질 것이다. 더 많은 여성이 마음껏 역량을 펼치고 리더로 도약하기 위해서는 여성이 연대하여 서로를 지원하고 격려해야 한다. 그러니 오늘부터 뜻을 같이하는 여성들을 찾아보고 함께할 수 있는 일이 무엇일지 고민해보자.

둘째는 주변의 남성들을 배제하지 말고 지원자이자 동반자로 만들라는 것이다. 우리나라 회사 대부분의 고위직은 남성이 차지하고 있다. 이들을 배제하고는 여성의 야망을 실현하기 어려운 것이 현실이다. 페이스북의 COO 셰릴 샌드버그는 "구글은 앞으로 성장하는 일만 남았다. 늦기 전에 합류하라"는 구글 전 회장 에릭 슈미트의 설득으로 새로운 커리어를 시작해 현재의 자리에 올랐다. 가정에서도 마찬가지다. 나를 지지하고 도와줄 수 있는 아버지, 오빠, 남동생, 남편, 시아버지, 아들 등등을 자기편으로 만들어보자.

셋째는 적극적으로 롤 모델을 찾고 언젠가는 자신이 다른 누군가의 롤 모델이 되라는 것이다. 여성은 롤 모델을 찾기가 힘들다. 성공한 사람들은 대부분 남성이고 성공한 여성들은 나와 다른 행성에서 온 존재인 것처럼 멀게만 느껴진다. 더구나 인격적으로 성숙하고 탁월한 전문성으로 무장한 완전무결한 롤 모델을 찾다 보니 마땅한 롤 모델이 없는 경우가 많다.

하지만 한 가지라도 배울 점이 없는 사람은 없다. 그러니 적극적으로 롤 모델을 찾아 배울 점을 찾아보자. 그리하여 마침내는 자신이 누군가에게 롤 모델이 되어보자.

2030 여성들의 롤 모델로 불리는 한국 최초의 밀라노 유학생이자 구독자 87만 명을 보유한 유튜버 밀라논나(장명숙)는 이렇게 말한다. "더 많은 것을 원해도 괜찮아! 마음껏 꿈꾸고 마음껏 사랑해! 꿈이 여러 개여도 괜찮아! 우리는 수많은 꿈을 이룰 권리가 있어!"

이 책을 마치며 나도 당신에게 그렇게 말해주고 싶다. 당신의 야망은 소중하다고, 그 야망을 포기하지 말고 한번 펼쳐보라고, 그리하여 야망을 가진 다른 여성들에게 지원자이자 롤 모델이 되어주라고.

여성에게 내재된 야망을 세상으로 끌어내 실현하려면
경력자본을 탄탄하게 다져야 한다. 경쟁력 있는 전문
성을 갖추려면 현재 자신이 가진 전문성을 분석하는
것부터 시작하라.
당신이 우선적으로 해야 할 일은 커리어 GPS를 켜고
자기 위치를 객관적으로 가늠해보는 것이다. 커리어
분석의 효과적인 방법으로 경력가치 분석과 커리어
SWOT 분석을 시도해볼 수 있다.

야망을 실현하기 위한
커리어 분석 키트

1. 경력가치 분석

경력가치는 개인이 가진 경력의 시장가치를 의미한다. 자신의 경력을 시장에 내놓는다고 가정했을 때 어느 정도의 가치를 인정받을지 가늠해볼 필요가 있다. 경력가치는 조직, 직무, 직급 경험과 핵심역량을 기준으로 평가한다. 다음의 체크리스트를 이용해 자신의 경력가치 점수를 항목당 1~10점으로 매기고 각 항목의 경력 세부 사항을 기술해보자.

경력가치 질문	점수 (예시)	나(예시)
① 내가 일하는 (또는 일했던) 회사는 업계에서 조직 규모, 영향력, 시장 지배력, 기술력 수준이 상위다.	5	내가 근무하는 OOO그룹은 1900년에 창업하여 △△년째 사업을 영위하고 있는 토종 기업이다. 섬유 화학 분야를 중심으로 1990년대 초반까지 성장세를 이어왔고 패션, 건설, 자동차 소재 분야로 사업 영역을 확장해왔다. 기존 사업의 경우 해당 분야에서 선도적 위치를 유지해왔으나, 중국 업체의 성장으로 인한 가격 경쟁력 약화, 치열해진 글로벌 경쟁, 신기술 및 선도기술 확보 미흡으로 성장 면에서 획기적인 성과를 내지 못하고 있는 상황이다.
② 나는 한 회사에서 3년 이상 근무했으며 이직이 잦은 편이 아니다.	10	대졸 신입사원으로 2007년에 입사하여 11년째 이 회사에 근무 중이다. 그룹 내 부서/회사 이동은 두 차례 있어서 현재 속한 조직은 세 번째 조직이다.
③ 나는 조직 내에서 2년 이상 근무 후 내부 부서 이동 시 핵심부서로 이동했다.	10	3년 주기로 부서 이동을 했으며, 업무의 조직 내 영향력, 중요도 측면에서 핵심부서로 이동했다. OOO기업 경영혁신팀 3년 → OOO기업 인사팀 3년 → OOO기업 프로세스혁신 TF팀 2년 → OOO기업 인사실 3년(출산 육아휴직 약 1.5년)
④ 나는 나만의 성공 경험이 있으며, 회사에서 핵심인재로 불린다.	7	OOO기업 경영혁신팀에서 대내외로 다수의 수상(국가품질상, 품질 관련 인증획득 등)을 했다. 또한 인사팀에서 전사 교육체계 수립, 직원 만족도 조사(최초), 팀장 리더십 과정 및 다면진단 실시, OOO 정신 2.0리뉴얼(핵심가치) 프로젝트 진행 등을 맡았다. 또한 새로운 업무를 기획부터 실행까지 완결하는 업무를 수행했다. OO대학교 기업교육 석사 과정에 자발적으로 진학했고 2년간의 학비를 회사에서 지원했다.

⑤ 나의 업무는 경력이 쌓이면서 확대/확장/심화 되고 있다.	5	나의 업무는 경력이 쌓이면서 확장되기 보다는 변경되다가 서서히 집중되는 경향이 있다. 채용/교육 → 인사기획/시스템관리/프로젝트관리 → 교육/진단/여성정책/시스템관리 → 교육/여성
⑥ 나는 업무 능력 향상을 위해 교육 기회를 탐색하거나 최신 기술 습득을 위해 노력했다.	7	입사 7년 차(대리 4호봉)에 대학원에 진학하여 HRD(인적 자원 개발) 관련 지식을 쌓고 업계 네트워크를 확장했다. 자격증 취득: 경영혁신실 근무 당시 경영지도사 취득에 도전했으나 실패했다. 주임 2년간 일본어를 공부하여 기초회화가 가능한 수준으로 마스터했다.
⑦ 나는 승진이 빠른 편이며 사내에서 진행되는 다양한 TF팀에서 리더 역할을 수행했다.	7	대리에서 과장으로 승진 시 동료들보다 1년 빨리 승진했다. 핵심가치 리뉴얼, 여성인재 관련 PI(경영 개선 업무) 프로젝트에서 리더 역할을 수행했으나 그 역할이 제한적이어서 실무자로서의 역할 수행이 더 많았고, 수행 기간이 짧았다.
⑧ 나는 핵심 직무를 맡고 있으며, 사내에서 관련 분야의 전문가로 인정받고 있다.	7	나에게는 핵심직무(여성정책)이지만 회사에서의 중요도는 경영자의 관심도에 따라 유동적이다. 경영자 외에 임원, 팀장 이상의 리더급은 해당 직무의 가치나 중요도를 높게 평가하지 않는다. 나는 이 분야(여성)의 전문가로 인정받고 싶다. 현재는 전문가 수준이 아니고, 이 분야를 전문 영역으로 인정하지 않는다는 인상을 받는다.
⑨ 나는 최근 성과 평가에서 일정 수준 이상의 성과를 달성한 것으로 평가받았다.	5	2017년 성과 평가는 휴직 6개월로 인해 보통 수준인 B를 받았다. 그 전년도는 A를 받았다. 6개월을 휴직했음에도 1년 만근한 남자 과장과 비교할 때 더 많은 일을 했다고 자부하지만 회사에 문제를 제기할 만큼 부당하다고 생각하지는 않는다. 평가자 입장도 이해할 수 있고 경영자의 성향상 예측이 가능한 결과였다.

⑩ 나는 다른 사람과 차별화되는 비교 우위의 강점이나 경쟁력을 보유하고 있다.	7	업무적으로는 HR 영역에서 HRD와 HRM(인적자원 관리)을 두루 경험한 덕에 편견이나 편협한 사고를 덜 가지고 있다는 것이 가장 큰 강점이라고 생각한다. HR 영역에서 육성과 관리는 그 구분이 모호해지고 있으며, 엄격한 기준과 통제를 중시하는 HRM 담당자의 한계와 인사제도에 대한 이해의 부재, 사업 전체에 대한 관심 부족으로 오직 강사와 강의장 준비에만 신경을 쓰는 HRD 담당자의 편협함을 모두 극복할 수 있는 사람이라고 생각한다. 또한 교육대학원 석사학위를 소지하고 있다.
합계	70	

　　경력가치 점수가 70점 이상이라면 당신의 전문성은 일정수준 이상이라고 볼 수 있다. 당신은 경력개발을 위해 많은 노력을 기울인 사람이다. 1~3번은 조직 경험, 4~6번은 직무 경험, 7~9번은 직급 경험이므로 점수 분포를 확인해 자신의 경력가치에서 어느 부문이 취약한지 파악하고 향후 개발 계획을 세우는 것이 좋다. 10번은 핵심역량에 대한 질문으로, 외국어 능력이 탁월하거나 전문자격증 내지 학위가 있을 때 높은 점수를 받는다.

　　예전에는 조직 경험이 우수하면, 즉 규모가 크고 유명한 회사에서 근무한 사람이라면 경력가치에서 높은 점수를 받을 수 있었다. 하지만 최근에는 개인의 직무와 직급 경험을 더 중요시하는 추세다. 따라서 조직에 의지하는 것보다 자신의 전문성과 업무 능력 향상을 위해 개인이 적극적으로 노력하는 것이 더 중요하다.

2. 커리어 SWOT 분석

커리어 SWOT 분석은 간단히 말하면 내 경력의 강점과 약점, 위협 요인과 기회 요인을 살펴보는 것이다. 요즘엔 SWOT 분석이 널리 이용되고 있지만 정작 자신의 경력은 한 번도 분석해보지 않은 직장인이 많다. 다음과 같이 자신의 커리어 분석을 해보고 이에 따른 대응 전략을 수립해보자.

나(Internal)와 나를 둘러싼 환경(External)의 SWOT 분석

	나의 강점 Strength	나의 약점 Weakness
	1. HRD과 HRM 업무 경험 보유 2. PI 경험을 통한 인사 시스템과 제도에 대한 전반적 이해 3. 유쾌하고 밝은 성격 4. PPT 활용 능력 5. 설득/보고를 위한 장표 작성 능력 6. 육아휴직의 종료 7. 제조 계열사 경험을 통한 현업에 대한 높은 이해	1. 근로기준법 등 노무 지식 부족 2. 인사 업무 중 보상 업무 경험 없음 3. 데이터 분석에 취약 4. 회계 경영 전반에 대한 낮은 이해 5. 육아휴직자라는 것에 대한 주변의 부정적 인식 6. 회사의 내부 정보 수집에 소극적(의지가 약함)
외부 기회 Opportunity 1. 미래 메가트렌드 중 하나로 '여성' 부상 2. 그룹 내 여성 인재 선발, 육성에 대한 오너의 의지 3. 일, 가정 양립이 가능한 근무 환경(아주, 적은 회식 없음)	SO(공격적 전략): 강점을 활용해 기회 선점 1. 인사 전반에 대한 이해를 바탕으로 여성정책을 치밀하게 수립 2. 미래 트렌드의 중심이 여성임을 인식하고 오너를 포함한 경영진을 적극적으로 설득 3. 기업의 여성 인재 육성과 관련을 팔산하고 선정하고 몰입 4. 위라밸을 즐기며 지치지 않게 일하기 5. 보고서 작성 시 탁월함을 발휘	WO(국면전환 전략): 새로운 기회 모색을 통한 약점 보완 1. 이러닝 독서통신 등으로 HRM, 회계에 대한 지식 쌓기 2. 자료 작성 시 데이터 적극 활용 3. 데이터를 기반으로 보고하는 능력 개발 4. 자투리 시간을 활용을 통해 외부 기맨과의 타협임 가지기 5. 그룹 전체 실적, 경영 상황에 관심 갖기(서열관리십)
외부 위협 Threat 1. 운경적, 안정적 회사 문화(경쟁이 치열하지 않음) 2. 연내생 육아 부담 3. 계열사 실적 악화에 따른 여성 인재 육성에 대한 투자가 낮음 4. 리더들의 소극적 성향과 여성 인재 육성에 대한 낮은 인지 5. 리더들의 낮은 젠더 인식	ST(다각화 전략): 강점을 살려 위협 요인 최소화 1. 남편/친정 부모님과 합심하여 육아부담 극복 2. 인사 전반에 대한 이해를 바탕으로 제도를 수립해 리더들의 걱정/반대 극복 3. 안정적 문화에 얽매이지 않고 전고 경력 분야를 만드는 생각으로 임하기 4. 제도 기회/(보고) 관한 강점을 활용해 탁월함으로 극복	WT(방어적 전략): 약점 보완을 통해 위협 요인 제거 1. 육아휴직자라는 인식을 불식하기 위한 자기계발 (제중 감당) 2. PI/여성/육성 직무 경험을 활용함이 뜻을 펼침 수 있는 회사로 이직

3. 경력목표 대안 찾기

경력 분석 이후에는 경력개발의 방향성을 가늠해봐야 한다. 다음과 같이 회사 내부에서 측면, 강화, 수직, 예비, 재조정의 방향을 탐색해보고 회사를 떠나 전직할 경우까지의 대안을 고민해보자. 경력개발의 전략과 방향을 수립하는 데 큰 도움이 된다.[26]

경력방향	의미	경력목표 대안(예시)
Lateral (측면)	업무의 폭 확장	HR 전 영역에 대한 실무 경험을 확대한다. 인사 업무 중 교육, 조직문화, 진단, 채용, 인사 제도 기획의 경험을 보유하고 있다. 승진, 평가, 보상제도의 기획이나 시스템 설계와 같은 큰 그림을 그리는 작업에 참여한 적은 없다. 내가 일선에서 제도를 직접 운영하고 임직원과의 접점에서 일을 해보지 못한 것은 스스로의 아킬레스건이었다. 내년에는 인사 업무 실행이 70퍼센트, 운영이 30퍼센트인 업무를 맡게 되어 기회 요인이 될 수 있다.
Enrich-ment (강화)	현재 업무 중 핵심업무를 선택해 집중	현 업무 중 핵심 영역이자 강점을 발휘할 수 있는 부분은 여성/교육 정책의 기획 영역이다. 예전보다 많은 시간과 에너지를 투자할 수 없다고 해도, 효율성을 높여서 짧은 시간 동안 높은 퀄리티의 제도를 기획할 수 있도록 치열하게 고민해야 하고 공부도 필요하다.
Vertical (수직)	직위나 직급의 상향	2023년 차장 승진이 예정되어 있다. 만으로 2년의 시간이 남아 있다. 남은 과장 직급 기간 동안 HR 전 영역으로 업무 경험을 확대하면서, 인사운영 쪽 실무를 담당하는 사원급 직원들과 일하며 리더십 역량의 개발이 필요하다. 차장 승진 후로는 스스로가 더 리더라는 인식을 갖고 전문성만 기르려는 생각에서 좀 더 나아가 조직 전체를 조망하고, 사업이나 전략에도 관심을 가져야겠다.

내부

	Explo -ratory (예비)	주업무에 다른 직무 추가	워크숍, 사내 교육 진행을 조금 경험했다. 많은 사람들 앞에서 차분하면서 조리 있게 효과적으로 전달하는 프레젠테이션 능력을 예비 역량으로 키우고 싶다. 코칭 스킬을 연마해서 리더가 됐을 때 사내 코치로 활동할 수 있도록 실력을 미리 준비하고 싶다. 사내 강사/코치로 성장하는 것이 예비 업무가 될 수 있을 것이다.
	Realign -ment (재조정)	다른 직무를 주업무로 조정	가능성은 낮지만 아예 다른 직무로 재조정될 가능성은 낮고 규모가 작은 계열사의 인사운영, 교육운영 총괄 차석으로 재조정할 가능성은 있다(현재 지주회사 운영실무 담당, 중소 규모 계열사 인사운영 총괄/팀장 차석).
외부	**Relocate** (전직)	현재 조직을 떠나는 시도	- 그룹 내 전직: 계열사 이동 - 회사 이직: 일, 가정 양립이 가능한 비슷한 규모의 계열사 또는 외국계 회사 - 직업 전환: 교육/인사기획 컨설팅

4. 커리어 앵커 검사

커리어 분석과 경력개발의 방향성을 탐색했다면 이제 자신이 직업선택과 경력개발에 있어 어떤 가치를 중요시하는지 알아봐야 한다. 이를 확인하는 데에는 커리어 앵커 검사가 유용하다. 커리어 앵커는 기업문화의 아버지라고 불리는 MIT 슬론 경영대학원 교수 에드거 샤인이 정리한 경력지향성 이론이다.

　샤인은 MIT 슬론 스쿨에 재학 중인 남학생들을 대상으로 1961년부터 진로와 관련된 선택에 대한 인터뷰를 시작했다. 이후 이들이 학교를 졸업한 후 1973년에 다시 인터뷰를 진행해 자신의 진로 선택에 실제적으로 영향을 미친 것이 무엇인지 연구하여 커리어 앵커 이론을 정립했다. 커리어 앵커는 사람들에게 내재된 커리어에 대한 선호도와 일생 동안 직업과 관련된 선택에서 보이는 일관된 경향성을 의미한다.

　커리어 앵커에는 자신의 재능, 동기, 가치, 태도, 능력 등이 포함되는데, 같은 직업을 선택한 사람일지라도 그것을 선택한 의도나 그 역할을 수행하는 동기는 개인마다 다를 수 있다. 8가지 커리어 앵커 유형에 대한 간략한 설명은 다음과 같다.[27]

① 전문가형

이들은 전문가적 식견과 기술을 중시하는 장인정신이 있다. 자신의 기술이나 능력을 향상할 수 있다면 전문 분야의 관리자가 되고 싶어 하지만 일반 관리직에는 크게 가치를 두지 않는다. 이들은 자신의 전문성을 활용한 커리어의 방향을 전개하는 데 내적 만족을 느낀다.

② 총괄관리자형

이들은 총괄관리자가 되려는 커리어를 밟아가면서 경영에 관심을 갖게 되고 총괄관리자가 되는 데 필요한 역량을 키워가면서 조직의 상층부로 가겠다는 야망을 갖는다. 이들이 원하는 것은 높은 책임감, 리더로서의 기회, 조직의 성공에 기여, 고임금 받기 등의 수직 상승이다.

③ 자율독립형

이들은 회사의 규칙, 절차, 근무 시간, 복장 규정 등 형식에 구속되는 것을 달가워하지 않는다. 이들은 자신의 방식과 속도에 맞게 일하고 싶은 강력한 욕구가 있으며 자율적이고 독립적인 업무 방식을 선호한다.

④ 보장안정형

이들은 자신의 경력을 조직적으로 관리하려는 욕구가 있으며 안정성과 지속성이 경력 결정의 지배적인 역할을 한다. 이들은 장기근속이 가능하고 퇴직 계획이 탄탄하며 복리후생이 잘 마련된 안정적인 회사에서 근무하길 원한다.

⑤ 창업가형

이들은 신제품이나 새로운 서비스를 개발하고 회사를 창립하며 기존 회사를 매입해 자기 사업을 하고 싶은 강렬한 욕구가 있다. 이들은 시장에서 수익을 올리는 것을 중요하게 여기며 자기 사업을 시작할 수 있는 능력을 증명하려는 강박관념이 있다.

⑥ 봉사헌신형

이들은 일을 통해 자아실현을 하고자 하는 가치관을 가진다. 많이 선택하는 직종은 의료, 간호, 사회복지, 교육, 종교 등의 분야인데 더 나은 세상을 만들고 싶은 열망을 실현하려고 노력한다. 경영진이나 회사원도 이런 성향을 보일 수 있다.

⑦ 순수한 도전형

이들은 불가능한 일을 극복하고 해결할 수 없는 문제를 풀어내며 강한 상대를 제압하는 것을 '성공'으로 정의한다. 갈수록 더 힘든 도전을 추구하기 때문에 고도의 전략을 세우거나 경영 컨설팅을 담당하는 등 어려운 전략적 업무를 선호한다.

⑧ 라이프 스타일형

이들은 개인, 가정, 커리어 간에 균형을 추구하며 융통성 있게 일하기를 바란다. 이들은 회사가 특정 프로그램을 제공하는 것보다 개인과 가족의 문제를 조직문화 개선에 반영하는 태도를 보이는 것을 높이 평가한다.

커리어 앵커 검사에서 나온 자신의 TOP 3 커리어 앵커를 기술하고 이와 관련된 자신의 경험을 정리해보자.

커리어 앵커	나의 경험
전문가형	나는 커리어와 리더십 분야의 전문가가 되기 위해 꾸준히 노력해왔다. 글로벌 제약사를 그만두고 안식년을 갖다가 재취업을 할 때 경력개발에 대한 조언이 가능한 전문성을 갖기 위해서 헤드헌터라는 직업을 선택했다. 또한 리더십과 코칭 전문가가 되기 위해 대학원에 진학했으며 지금은 리더십을 주제로 박사 논문을 집필 중이다.
순수한 도전형	직장생활 17년 동안 나는 약 3년을 주기로 직종이나 회사를 바꿨다. 반복적인 일에 싫증을 잘 내는 스타일이며 뭔가 도전적인 과제가 주어졌을 때 전의가 불타오르고 늘 즐기며 일했다. 현재 하는 일도 컨설팅적인 요소가 있는데 어려운 문제를 해결하면서 보람과 성취감을 느끼곤 한다.
봉사 헌신형	의외의 앵커가 나와서 놀랐다. 하지만 곰곰이 생각해보니 나는 남녀가 평등하게 자신의 능력을 마음껏 발휘하며 일할 수 있는 사회를 만드는 비전을 가지고 일하고 있다. 또한 나의 전문성을 활용해 어려움을 겪는 사람들을 돕는 것에 큰 의미를 두고 일하고 있다.

주

1 〈김지수의 인터스텔라: 희망 버려야 살 길 생겨, 코로나 2~3년 더⋯ 생활 태도 바꿔라〉(조선비즈, 2020. 9. 12)를 참고했다.

2 "Companies Drain Women's Ambitions after only 2 Years," by Orit Gadiesh and Julie Coffman, *Harbard Business Review*, May 2015.

3 페이스북에서 '번뇌하는 언니들'을 검색해보라.

4 '화이트홀 연구 II'에서는 영국의 여성 공무원을 대상에 포함해 연구를 진행했는데 '화이트홀 연구 I'과 결과가 유사하게 나왔다.

5 지위증후군은 하나의 사회현상이다. 그렇다고 이러한 현상을 방치하거나 건강을 지키려고 높은 사회적 지위에 올라야 한다는 의견에는 동의하지 않는다. 사회적 지위가 낮아도 삶의 주도권을 쥐고 다방면으로 참여할 수 있는 사회가 되도록 다 함께 노력해야 한다.

6 《몸이 아니라고 말할 때: 감정은 어떻게 병이 되는가》(게이버 메이트 지음, 류경희 옮김, 김영사, 2015)를 참고했다.

7 Unraveling the MNE wage premium, Khadija van der Straaten, Niccolò Pisani and Ans Kolk, *Journal of international Business Studies* 2020, 51(1355-1390)

8 자세한 사항은 《자존감은 어떻게 시작되는가: 당신의 인생을 결정짓는 자세의 차이》(에이미 커디 지음, 이경식 옮김, RHK, 2017)를 참고하길 바란다.

9 Promotion Focus와 Prevention Focus의 일반적인 논문 표기는 향상초점과 예방초점이나, 독자의 이해를 돕고자 성취지향과 안정지향으로 표기했다.

10 이 연구에서 활용한 성취지향성과 안정지향성을 알아보는 측정도구는 앞에서 본 컬럼비아대학교 동기과학센터가 개발한 항목과는 차이가 있다.

11 컬럼비아대학교 동기과학센터가 개발한 항목을 수정 및 보완했다. 더 자세한 사항은 《어떻게 의욕을 끌어낼 것인가: 컬럼비아대학교 인간 성향 대탐구》(하이디 그랜트 할버슨, 토리 하긴스 지음, 강유리 옮김, 한경BP, 2014)를 참고하길 바란다.

12 "Why Women Don't Apply for Jobs Unless They're 100% Qualified" by Tara Sophia Mohr, *Harbard Business Review*, August 2014.

13 미국의 작가 한나 셀릭슨Hannah Seligson이 개발한 '왕관증후군 자기 평가질문'을 수정 및 보완하여 작성했다.

14 카리스마 리더십이 연구된 초기에는 리더들의 최면적인 눈빛이나 매력적인 목소리와 같은 신체적, 심리적, 행동적 특징이 연구되었지만 이후 연구에서는 행동 중심으로 발전했다. 카리스마 리더십 연구자인 제이 콩거Jay Conger와 라빈드라 카눙고Rabindra Kanungo는 행동 중심의 카리스마 이론을 정립하면서 ① 추종자들의 욕구에 대한 민감성, ② 환경변화의 필요성 역설, ③ 전략적인 비전 제시, ④ 개인적인 위험과 희생 감수, ⑤ 기존 규범에 얽매이지 않는 비정형적인 행동 수행 등으로 카리스마 리더십의 요소를 정립했다. 당신이 생각하는 카리스마와 리더십 학자들이 이야기하는 카리스마 사이에는 간극이 매우 크지 않은가?

15 카를로스 곤은 2018년 일본에서 보수 축소 신고와 특별 배임 혐의 등으로 검찰에 체포되었다가 보석으로 풀려났다. 가택연금 중이던 그는 2019년 12월 음향기기에 몸을 숨기고 공항 검색대를 통과해 전용기를 타고 레바논으로 도주했다. 일본은 레바논과 범죄인 인도조약을 맺

고 있지 않아 곤을 체포할 수 없는 상황이다. 현재 곤은 닛산과의 민사 소송, 프랑스 탈세 혐의, 레바논 퇴거 소송을 비롯해 다수의 국제적인 법적 소송에 직면해 있다.

16 본 설문은 카멜리Cameli 등이 개발한 측정도구를 수정 및 보완하여 작성했다.

17 이 연구는 환자 158만 3,028명의 사망률과 154만 797명의 재입원율을 비교했다. 따라서 남녀 의사의 사망률 차이 0.42퍼센트, 재입원율 차이 0.55퍼센트는 상당수 환자의 생명과 재입원율에 영향을 미칠 수 있다.

18 코로나19가 종식되지 않았기 때문에 각국의 방역 성패를 단정하기는 이르다. 하지만 팬데믹 초기에 여성 지도자들이 효과적으로 대응한 것은 사실이다.

19 본 연구의 결과에 따르면 정서적 리더십 동기에서는 남녀 차이가 없었다. 비계산적 동기는 측정하지 않아 남녀 차이를 확인하지 못했다.

20 여성 장관으로는 사회부총리 겸 교육부 장관 유은혜, 과학기술정보통신부 장관 임혜숙, 여성가족부 장관 정영애, 환경부 장관 한정애가 있다.

21 본 조항은 의무 조항이지만 해당 기업이 조항을 위반하더라도 처벌을 받지는 않는다.

22 가정 분위기를 측정하는 질문은 다음과 같다. '우리 집에서는 가족들이 함께 모여 TV를 보거나 대화를 나누는 때가 많다' '부모님은 각자 자신의 책임과 본분을 열심히 완수하시는 편이다' '나는 가족들과 함께 있을 때 가장 편안하고 좋다' '우리 집의 분위기는 밝고 명랑한 편이다'.

23 "Dirty" Workplace Politics and Well-Being: The Role of Gender, Jennica R. Webster, Gary A Adams, Cheryl L. Maranto, Terry A. Beehr 2018. *Psychology of Women Quarterly* Vol. 42 issue 3: 361-377.

24 사회적 불안social anxiety이란 낯선 사람들에게 노출되거나 타인이 지켜볼 수 있는 사회적 상황 또는 수행 상황에서 현저하고 지속적인 두려움을 느끼고, 그런 상황에서 창피해하고 당황할까 봐 두려워하는 인지적, 정서적 반응을 말한다(American Psychiatric Association Dictionary of Psychology).

25 왓슨Watson과 프렌드Friend가 개발한 부정적 평가에 대한 두려움 척도를 리어리Leary가 단축하고 이정윤과 최정훈(1997)이 번안하여 타당화한 척도를 수정 및 선별했다.

26 《고용불안에서 흔들리지 않는 힘! 커리어 GPS》(김경희, 김소현, 이민아 지음, 대림북스, 2016)에 실린 표 양식을 참고했다.

27 커리어 앵커 검사를 하고 싶다면 《내 생애 커리어 앵커를 찾아서》(애드거 샤인 지음, 박수홍 옮김, 학지사, 2014)의 설문지를 참고하길 바란다.